이차전지
승자의 조건

일러두기

- 일반적으로 이차전지, 2차전지가 혼용되고 있으나 이 책에서는 공식 표기법인 '이차전지'로 통일했습니다.
- 이차전지 대신 배터리를 흔히 사용하지만, 이 책에서는 정확한 구분과 표기를 위해 주로 이차전지를 사용했습니다.
- 다양한 이차전지의 명칭에도 배터리 대신 전지를 사용하였고, 모두 붙여서 표기했습니다.
- 이차전지들은 약어 대신 정식명칭을 사용했습니다(ex. 니카드전지, Ni-Cd → 니켈카드뮴전지).
- 배터리 재활용 부문에서는 폐배터리, 중고배터리, 사용후 배터리가 혼용되었습니다.

배터리가 주도하는 400조 거대 시장의 패권 경쟁

이차전지
승자의 조건

정경윤 · 이상민 · 이영기 · 정훈기

길벗

글로벌 경쟁에서 승리하는 날까지

LG에너지솔루션 사장

김동명

　지금까지 전 세계 자동차 산업의 패러다임은 엔진의 기술력이 결정했다. 자동차 회사의 이름에 '모터Motor'가 들어갔던 것도 바로 그 때문이었다. 그러나 이제 바야흐로 전기차의 시대가 도래했다. 자동차의 품질은 이제 엔진이 아닌, 더 빠르게 충전해 더 오랜 시간 더 멀리 달릴 수 있는 배터리의 기술력이 결정하는 때가 온 것이다. 단순히 자동차의 부품을 넘어 자동차의 '심장'이라고 비유해도 과언이 아닐 만큼, 배터리는 미래 모빌리티Mobility의 핵심 산업이 되었다.

　이런 배터리 산업에서 우리나라는 단연 두각을 나타내고 있다. LG에너지솔루션은 과거 LG화학 시절부터 약 30여 년 이상 배터리를 개발해오며 세계 시장점유율 2위를 차지하고 있으며, 삼성SDI, SK온 등 K-배터리 기업들도 세계 무대에서 활약하고 있다. 그러나 현재의 성과에 안심할 수는 없다. 배터리 산업의 주도권을 잡기 위해서는 아직도 풀어야 하는 숙제가 많다. 중국 정부의 막대한 보조금에 힘입어 하루가 다르게 규모를 확장하며 글로벌 진출을 노리고 있는 중국 업체와도 경쟁해야 하고, 미국의 인플레이션 감축법 Inflation Reduction Act, IRA, 유럽의 지속 가능 배터리법 등 글로벌 정책 변화에도 기민하게 대응해야 한다. 이와 동시에 공급망 다변화와 폐배터리 활용, 차세대 배터리 개발 등 미래 준비에도 박차를 가해야 한다.

이러한 시점에 때마침 배터리의 역사부터 원재료, 생산 및 기술, 글로벌 이해관계와 각국의 규제, 기업 간 합종연횡 등 업계의 히스토리와 현안을 알기 쉽게 풀어낸 책이 출간되어 참 반갑다. 정경윤, 이상민, 이영기, 정훈기 네 분의 저자들은 배터리 분야에서 15~20년 이상의 경험을 쌓은 탁월한 전문가이다. 저자들은 독자가 복잡하고 어려운 배터리 기술을 쉽게 이해하고, 배터리 산업의 현재와 미래를 빠르게 파악할 수 있도록 친절히 이끌어 준다. 전문적인 지식과 풍부한 통계, 친절한 설명을 두루 갖춘 이 책이 앞으로 업계의 종사자뿐만이 아니라 배터리 산업을 꿈꾸는 미래 인력과 일반 독자들 모두에게 유용한 교본으로 자리 잡으리라 확신한다.

흔히들 배터리 산업은 제2의 반도체라고 한다. 1990년대 한국 반도체 기업들이 글로벌 선두자리를 차지한 이후 반도체가 '산업의 쌀'로서 지금까지 우리나라의 경제를 이끄는 핵심 산업이 된 것처럼, 배터리 산업도 글로벌 시장을 주도하며 미래 대한민국의 가장 큰 먹거리가 될 것으로 생각하기 때문이다. 쉽지 않은 여정이지만 모두가 힘을 합쳐 나아간다면 글로벌 경쟁에서 승리하는 날이 곧 다가오리라 믿는다. 그 길에서 이 책이 많은 이들에게 정확한 지식과 깊은 통찰력을 제공하는 소중한 이정표가 되어 주리라 기대한다. 다시 한번 책의 출간을 축하하며, 모쪼록 많은 독자에게 읽히기를 희망한다.

꼭 알아야 할 미래 지식, 이차전지

한국전기화학회 회장, 서울대학교 화학생물공학부 교수

성영은

우리 시대 전 세계적으로 가장 전망 있는 산업 혹은 과학기술은 단연 이차전지다. 흔히 영어로 배터리Battery라 부른다. 이차전지나 그와 관련된 제품을 생산하겠다고 하면 그 기업은 금세 주목을 받고 주가가 치솟곤 한다. 대학에서도 이차전지 분야를 연구하는 연구실의 인기가 높다. 많은 대학생이나 대학원생이 이차전지 관련 기업이나 연구소에 취업하려 한다. 이 현상은 우리나라뿐만 아니다. 대표적인 전기차 업체인 테슬라의 주가가 지난 몇 년간 치솟은 것만 봐도 알 수 있듯이 전기차와 이차전지의 인기는 전 세계적 현상이다. 전기자동차의 등장으로 소비자들은 새로운 차를 구입할 때 어떤 연료를 사용하는 자동차를 살지도 선택지에 넣고 있다. 이런 폭발적인 관심과 수요에도 불구하고 정작 이차전지에 대한 일반인의 궁금증을 속 시원하게 알려주는 도서는 없는 형편이다. 전문 서

적들은 대부분 영어로 되어 있고, 이차전지 분야를 이해하기 위해서는 복잡한 화학식과 용어를 알아야 하다 보니 일반인의 접근이 쉽지 않은 데다 눈높이에 맞춰 설명해주는 책이 거의 없기 때문이다.

그런 가운데 일반인도 쉽게 이해할 수 있는 이차전지 책이 나오게 되었다. 국내에서 이차전지 분야의 연구 개발을 가장 활발히 하면서 산업화나 인력 양성에도 크게 힘쓰는 정경윤, 이영기, 정훈기 박사와 이상민 교수, 이 네 분이 쓴 책이다. 이차전지를 처음부터 끝까지 직접 만들어보고 개발에 참여했던 저자들이 이차전지의 원리, 기술, 소재 등의 개발 현황과 원자재를 비롯한 산업 생태계에 관한 대중의 이해와 확산을 목적으로 이 작업을 수행하여 낸 결과물이다. 저자들이 이차전지에 관하여 더욱 많이 알리고 싶다는 것에서 출발하였고, 단행본이라는 형식을 통해 가급적 대중 접근이 용이하도록 노력한 흔적이 이 책에 그대로 들어 있다.

일반 대중을 위한 서적이지만 또한 이차전지 학계, 연구계, 산업계에 계시는 분들에게도 중요한 내용을 담고 있다. 그런 점에서 일반인과 전문가 모두에게 단순히 얕은 지식의 흥미 위주가 아닌 이차전지의 향후 방향과 전망까지 제시한 소중한 자료가 될 것이라 확신한다. 저자들은 또한 제가 회장으로 있는 한국전기화학회에서 가장 활발히 활동하는 분들이다. 정경윤 박사는 이차전지 분과회장을, 이영기 박사는 산학협력 위원장을 맡고 있고, 다른 두 분도 학회 임원으로 적극 참여하고 있다. 이 점에서 1만여 명의 한국전기화학회 회원들을 대표해서 이 책의 출간을 기뻐하고 축하한다.

1800년 이탈리아의 볼타Volta가 전지(배터리)에 대한 최초의 논문을 발표한 이후 220여 년이 지났다. 이 기간 동안 인류는 산업혁명을 거치면서 석탄과 석유 등 화석연료를 마음껏 쓰면서 전례 없는 풍요로운 삶을 누려 왔다. 그런데 그 결과는 온실가스의 과다 배출로 기후 위기를 맞고, 생태계는 파괴되어 코로나19와 같은 전 지구적 어려움에 직면하게 되었다. 화석연료의 사용을 획기적으로 줄이는 소위 탄소중립을 빠른 시일 내에 달성하지 못하면 이 지구는 점점 사람이 살기 어려운 곳이 될 것이다. 그에 따라 전 세계는 신재생에너지 사용이나 수소를 사용하는 수소 경제를 천명하고 있다. 세계적 기업들도 신재생에너지만을 사용하겠다는 RE100Renewable Energy 100%을 선포하고, 자동차 회사들도 향후 더 이상 내연기관 자동차를 생산하지 않겠다고 선언하고 있다.

이차전지는 지구적 재난을 해결하는 탄소중립 시대의 핵심 기술이다. 이제 막 시작된 전기자동차 시대는 앞으로 이차전지의 규모를 상상하기 어려울 정도로 키울 것이다. 재생에너지에서 생산된 전기를 이차전지에 저장하는 ESSEnergy Storage System 기술도 보편화될 것이다. 이렇게 저장된 전기가 디지털 시대를 주도할 데이터 센터 등의 핵심 전력원이 될 것이다. 이런 모든 기기, 장치, 시설의 전기화 시대를 주도하는 것이 바로 이차전지다. 4차 산업혁명 시대를 살아갈 현대인에게 이차전지는 꼭 알아야 할 상식이며 교양이다. 특히 청소년과 청년 세대도 이 책을 통해 이차전지에 관한 교양을 쌓음과 동시에 이를 기반으로 자신의 미래와 진로를 찾기를 바란다. 모두에게 유익한 책이 되리라 확신한다.

심각해지는 글로벌 기후위기에 대응한 각국의 친환경 정책이 본격화되면서 전기차로의 전환과 신재생에너지 비중 확대에 따라 이차전지 산업이 빠르게 성장하고 있다. 이 책은 이차전지가 낯선 독자들에게 기본원리를 시작으로 주요 전방산업인 완성차 시장 환경과 후방산업인 원자재 공급망 이슈까지 다루는 친절한 해설서다. 또한, 기술 차별화를 통해 글로벌 경쟁에서 살아남아야 하는 대한민국 이차전지 업체의 당면 과제와 이를 위한 연구진의 솔직한 제언이 담겨있다.

- 삼성증권 리서치센터 이사(EV/모빌리티), 장정훈

2025년경 메모리 반도체 시장 규모를 넘어설 것으로 기대되는 리튬 이차전지 시장은 K-배터리가 글로벌 시장을 선점했다. 그러나 리튬인산철 배터리의 가성비를 내세운 중국 배터리와의 한판 승부가 전개되고 있는 중요한 시점이다. 《이차전지 승자의 조건》은 이차전지 산업 전문가와 업계종사자는 물론 일반 독자, 그리고 우리 모두 타게 될 전기차의 미래 수요자라면 일독을 권한다.

- SNE리서치 대표, 김광주

우리 경제는 거대한 도전에 직면했다. 전 세계적인 탄소 중립 추진으로 태양과 바람의 에너지를 담는 배터리가 기간산업의 핵심으로 떠올랐다. 러시아-우크라이나 전쟁이 촉발한 국제 질서 재편은 리튬 확보를 국가적 관심사로 만들었다. 리튬과 배터리를 중심으로 이러한 격동의 시대를 조망한 책이 나왔다. 각국의 전략부터 차세대 배터리 기술의 현주소 및 리튬 확보를 둘러싼 각국의 경쟁까지 산업 전체를 관통한다. 다음 세대를 생각하는 모든 이에게 추천한다.

- 한국산업기술평가관리원 이차전지PD, 이정두

이차전지는 전기자동차의 대중화에 힘입어 폭발적으로 성장하고 있으며, 향후 반도체를 능가하는 차세대 먹거리 산업으로 우리나라 및 전 세계적으로 큰 주목을 받고 있다. 특히 기존 한중일 삼국 간의 경쟁에 미국과 유럽이 새롭게 참여하여, 이차전지 패권을 차지하기 위한 치열한 기술 전쟁을 벌이는 중이다. 현재 상용화된 리튬이온전지를 뛰어넘어 차세대 이차전지로 진보하기 위해 무한한 연구개발 경쟁이 진행되고 있다. 이러한 중요한 시점에 시의적절한 책이 출간되었다. 국내 최고 수준의 이차전지 전문가들로 구성된 집필진은 개념적 설명을 시작으로 산업의 전반적인 현황, 우리나라 전지 산업의 강점과 약점, 주도권을 잡기 위한 각국의 노력, 앞으로 우리가 나아갈 방향까지 일목요연하게 정리했다. 일반 대중뿐만 아니라 이차전지를 처음 전공하기 시작하는 대학원생, 그리고 현업에 종사하는 분들께 일독을 권하고 싶은 유익한 책이다.

- 연세대학교 화공생명공학과 교수, 이상영

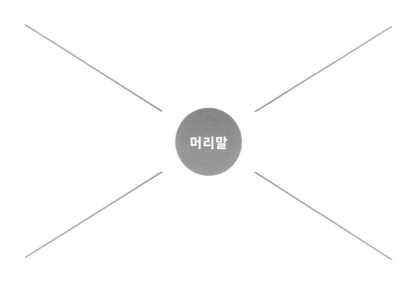

머리말

전기자동차가 질주하기 시작했다. 이 흐름에 전기자동차의 핵심 부품인 이차전지도 함께 질주하고 있다. 우리가 흔히 '배터리'라고 부르는 이차전지 중에서 특히 리튬이온전지가 우리 일상생활로 들어온 시간은 대략 30여 년 정도이다. 많은 시간이 흘러 이제야 본격적인 전기자동차의 시대가 열린 것이다. 전기자동차의 보급이 확대되는 가운데 이차전지 시장의 팽창 속도는 가히 폭발적이라 할 수 있을 만큼 커지는 중이다. 과거 소형 전자기기에 이차전지가 사용되던 시기와는 비교할 수도 없는 속도와 규모로 시장이 확대 중이다. 아주 가까운 미래인 2025년 즈음이면 이차전지 시장 규모가 메모리 반도체 시장의 규모를 넘어설 것이라는 예측도 조심스럽게 나오고 있다. 즉, 이차전지는 우리나라의 주력 먹거리 산업 중 하나로 우뚝 성장하게 된 것이다.

우리는 일상에서 수많은 이차전지를 사용하고 있다. 보통 배터리라 부르는 것들을 이곳저곳에 쓰고 있으면서도, 워낙 흔히 사용하는 탓에 특별한 자각을 하지 못할 만큼 생활 깊숙이 들어와 있다. 평범한 직장인이 하루 동안 생활하며 사용하는 배터리에는 핸드폰, 노트북, 태블릿, 무선 이어폰, 스마트워치, 보조배터리 등이 있을 것이고, 오늘 아침에도 타고 나온 내연기관 자동차의 납축전지가 있다. 가정으로까지 조금 더 범주를 넓히면 무선청소기, 아이들 장난감, 디지털카메라, 전동 드릴 등을 떠올릴 수 있다. 그 외에도 소형에너지저장장치ESS, Energy Storage System, 태양광 가로등에 설치된 이차전지 등 소위 사물배터리BoT, Battery of Things 시대가 열린 것이다. 앞으로는 지금보다 더 빠르게 배터리가 우리의 일상 안으로 들어올 것이고, 그 속도는 더욱 빨라질 것이 분명하다.

이러한 현상을 가속한 원인 중 하나는 코로나19이다. 코로나 시대를 거치며 우리 사회의 디지털화가 가속되었다. 비대면을 위한 화상회의, 무선 통신을 이용한 교류, 메타버스 등 모든 것을 전자기기를 이용하여 할 수 있게 되었다. 이들의 전원으로 배터리가 사용된다는 점은 굳이 강조하지 않아도 될 것이다. 그래서 미래의 전자기기는 지금보다 더 휴대하거나 이동하기 쉬운 형태, 보다 작고 얇은 형태가 될 것이며 이런 모든 전자기기에 전력을 공급하는 배터리는 더욱 중요해질 것이 분명하다. 먼 미래에는 본인이 배터리를 사용하는지도 모르면서 사용하는 기술도 나타나지 않을까. 무선 충전 기술이 발전하면 사용자가 직접 충전하지 않더라도 자동 충전되는 배터리가 개발될 것이고, 사용자는 어느 순간 배터리 사용을 망각하는 순간이 오지 않을까 생각해본다. 우리가 공기의 존재를 종종 망각하는 것처럼 말이다.

이차전지 연구자라서인지는 모르겠지만, 일반인도 배터리에 관해 큰 관심을 갖고 있다는 점을 종종 느끼고 있다. 한가로이 커피숍에 앉아 있다 보면, 주식 이야기를 하면서 리튬이온전지, 전고체전지 등 다양한 배터리 얘기로 열띤 대화를 이어가는 모습도 종종 보인다. 배터리에 대해 이론적으로 잘 알지는 못해도 이를 생산하는 기업과 우리 생활에 배터리가 미치는 영향 등에 관심이 늘어난 것이다. 그런데 일반 대중에게 배터리를 설명하기란 여간 어려운 일이 아니다. 배터리라고 하면 여전히 건전지와 리튬이온전지를 구별하지 못하는 사람이 많다. 일차전지와 이차전지를 구별하지 못하는 것이다. 이는 일반 대중의 탓이 아니다. 하물며 자신의 돈으로 이차전지 시장에 투자하고자 하는 사람들도 업계나 회사가 어떤 기술을 갖고 있고 어떤 분야에 속하는지 정확히 모르고 뛰어드는 경우도 종종 있다. 전공자 이외에 관련 산업에 종사하고자 하는 학생이나 취업 준비생들도 어떻게 개념을 잡을 것인지 막막한 경우가 많다. 이렇게 된 이유는 지금껏 이차전지와 시장에 관해 쉽게 설명해주는 자료가 없었기 때문이라 생각한다.

엄청난 자본이 투입되고 상상하기 어려울 규모로 커지는 이차전지 시장을 누구나 넓은 시야로 이해하고 조망할 필요성이 있다. 이차전지를 연구하는 사람으로서 사람들이 궁금해하는 배터리에 관한 설명이 필요하다고 어렴풋이 생각하던 중이었다. 때마침 길벗출판사에서 이차전지와 관련된 저술 제의가 들어왔다. 과연 내가 이것을 할 수 있을지 장고 끝에 훌륭한 몇 분의 저자분들과 함께하면 훨씬 좋겠다고 생각했다. 국내에서 내로라하는 이차전지 전문가분들을 어렵게 모셨고, 흔쾌히 취지에 동참해 주시어 약 1년 반 동안 함께 작업해주셨다. 덕분에 최초의 취지에 맞게 이차전지와 시장을 다양한 각도로 소개할 수 있었다.

우리는 대중에게 이차전지가 무엇이고 어디에 사용되며, 이것이 왜 중요하며, 국내 및 글로벌 시장에서 얼마나 치열하게 주도권을 갖기 위해 경쟁하는지, 이차전지 분야에서 우리나라의 강점과 단점은 무엇인지, 가까운 앞날에 어떤 이차전지가 패권을 다툴 것인지에 관한 견해를 제시하고자 했다. 나아가 이를 바탕으로 우리나라가 지속적인 승자가 되기 위해 무엇을 어떻게 하면 좋을지 제시했다. 부디 다양한 소구를 지닌 많은 독자가 이 책을 통해 이차전지에 관한 궁금증을 조금이나마 해소할 기회가 될 수 있길 간절히 바란다.

3장 전기차 시장과 이차전지 최강자 경쟁

4장   이차전지 산업 생태계 전쟁

5장   차세대 이차전지 개발 전쟁

6장   글로벌 승자의 조건

1장

세계는 이차전지 패권 전쟁 중

SECONDARY
BATTERY
REPORT

끝없이 확장하는 이차전지 시장과
패권 전쟁

이차전지! 10여 년 전만 해도 생소했던 이 단어가, 우리 생활 깊숙이 파고들어 이제는 없으면 안 되는 존재가 되었다. 대부분의 사람이 이차전지가 무엇인지 정확히는 모르더라도, 과거에 밧데리 혹은 건전지라고 부르던 것과 유사한 역할을 하며 휴대형으로 전기에너지를 쓸 수 있게 해주고, 충전해서 재사용할 수 있다는 정도는 알고 있다. 요즘은 카페에서 사람들이 리튬 이온전지나 전기자동차, 심지어 전고체전지˙라는 단어를 써가며 대화를 나누기도 한다. 현대를 살아가는 사람 중에 이차전지가 들어간 제품을 최소한 한 가지 이상 사용하지 않는 사람은 없다 해도 무방하다. 그만큼 이차전지는 우리 삶에 깊숙이 자리 잡았다.

미국의 전기자동차 생산업체 테슬라Tesla는 2020년 9월 22일 배터리데이Battery Day를 통해 이차전지 개발 방향과 자동차 적용 계획 등에 대해서 발표했다. 세계 2위의 자동차 제작사인 독일의 폭스바겐Volkswagen도 파워데이Power Day 행사를 개최하며 2030년까지의 이차전지 로드맵과 충전소 관련 계획을 발표했다. 세계 1위 자동차 제작사인 도요타Toyota는 차세대 이차전지인 전고체전지를 자동차에 적용하는 계획을 발표하고 프로토타입을 동영상으로 발표하기도 했다. 현대자동차그룹도 이차전지 관련 기업들과 협력을 위한 광폭 행보를 한다는 기사를 종종 접할 수 있다. 이외에도 주요 자동차 제작사들은 이차전지 제조사들과 협력·합작을 통해 기술발전을 꾀하고 있다. 과거에는 상상할 수 없던 일들이다.

모바일IT용으로 주로 사용되던 리튬이온전지는 전기자동차에 적용되면서 실로 폭발적인 시장 성장세를 보이고 있다. 기존 휴대폰에 사용되던 양과 비교하면 전기자동차에는 수천 배의 리튬이온전지가 들어간다. 예를 들어, 테슬라의 모델S는 18650 규격의 원통형 이차전지 7,000여 개를 연결하여 사용한다. 이렇다 보니 전기자동차 자체만으로도 배터리의 수요가 막대하게 늘어난다. 그런데 여기서 그치지 않고 전기자동차의 충전 인프라에도 배터리가 사용된다. 급속 충전소의 경우 전력망의 용량만으로는 전력량을 감당할 수 없으므로 소형 에너지저장시스템ESS, Energy Storage System의 설치가 유리

전고체전지

기존 리튬이온전지의 가연성 액체전해질 대신 불연성의 고체전해질을 사용한 것으로, 전지 내부에 불에 탈 수 있는 물질을 제거하여 극강의 안전성을 확보할 수 있는 이차전지이다. 다만, 고체전해질을 사용하면 리튬이온의 이동이 어려워져 이를 해결해야 하는 어려움이 있다.

용도별 리튬이온전지 시장점유율 >>> 출처: 한국배터리산업협회, 한국배터리연구조합

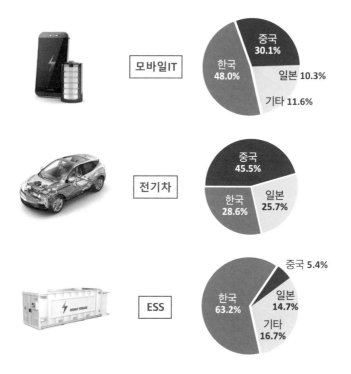

하다. 따라서 전기자동차에 연관된 배터리의 수요는 더욱 늘어난다. 이렇다 보니 세계적으로 리튬이온전지 중심의 배터리 수요와 공급을 둘러싼 전쟁이 벌어지고 있다.

리튬이온전지 공급은 한·중·일 3국이 세계 시장의 대부분을 차지하고 있다. 전기자동차 부문에서 중국은 풍부한 내수 시장을 바탕으로 세계 1위의 점유율을 보이며 이어서 한국과 일본이 쫓아가는 모양새다. 모바일IT 용도로는 한국이 1위이고 이어서 중국과 일본이 공급하고 있다. 에너지저장시스템인 ESS의 경우는 한국이 1위이고 이어서 일본과 중국이 공급하고 있다. 모바일IT와 ESS 용도의

완성차 OEM과 배터리 업체별 공급 현황 >>> 출처: Researcher&Research, 유진투자증권

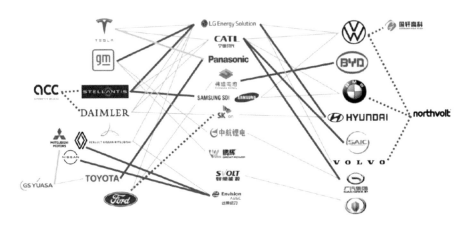

리튬이온전지는 다른 국가도 일부 생산하고 있으나 전체적으로 보면 한·중·일이 치열하게 접전 중이다.

2021년은 전기자동차 대중화 원년으로 평가된다. 기존 내연기관 자동차에 집중하던 주요 자동차 제작사들이 전기자동차 제품군을 늘리고 양산에 들어가면서 본격적인 전기자동차 시대가 시작되었기 때문이다. 기존 내연기관 자동차에서 가장 핵심 요소를 꼽자면 엔진과 트랜스미션이다. 전기자동차에서는 배터리와 모터가 이 부분을 담당한다. 내연기관 자동차에서 전기자동차로 변화하면서 핵심 부품이 바뀌는 것이다. 이에 따라 자동차 제작사들도 이들 부품을 고품질로, 안정적으로 공급받기 위해 부단한 노력을 한다. 배터리 제조사들 역시 더 많은 기업에 장기적으로 공급하기 위해 노력한다. 핵심 부품의 성능이 자동차의 품질을 결정하기 때문에 이는

전기자동차용 리튬이온전지 공급량(기업별) >>>

순위	제조사	2020년 1~11월	2021년 1~11월	성장률	2020년 점유율	2021년 점유율
1	CATL	28.5	79.8	180.1%	24.1%	31.8%
2	LG에너지솔루션	27.1	51.5	90.1%	22.9%	20.5%
3	파나소닉	23.0	31.3	36.5%	19.4%	12.5%
4	BYD	7.7	22.5	192.1%	6.5%	9.0%
5	SK온	6.6	14.6	119.3%	5.6%	5.8%
6	삼성SDI	7.0	11.3	60.7%	6.0%	4.5%
7	CALB	2.7	6.8	155.2%	2.3%	2.7%
8	궈시안	2.0	5.3	167.4%	1.7%	2.1%
9	EVE	3.3	3.6	7.5%	2.8%	1.4%
10	선와다	0.9	2.7	211.1%	0.7%	1.1%
-	기타	9.5	21.4	125.8%	8.0%	8.6%
합계		118.3	250.8	112.1%	100.0%	100.0%

거스를 수 없는 움직임이다.

　LG에너지솔루션, 삼성SDI, SK온 등 국내 기업들과 CATL, BYD, AESC 등의 중국 기업, 일본 기업 파나소닉이 경쟁을 벌이고 있다. 여기에 일부 전기차 제작사들은 배터리를 내재화하겠다는 선언도 한다. 실로 무한 경쟁의 시대이다. 이는 셀 제조업체 및 전기자동차 제작사만의 경쟁은 아니다. 배터리에는 양극 소재, 음극 소재, 전해질, 분리막, 파우치 외장재, 집전체˚, 리드탭˚ 등의 부품·소재가 사용된다. 부품·소재 관련 공급망supply chain도 요동을 치고 있다. 관련 장비, 원료 공급망도 마찬가지이다. 리튬이온전지의 수요가 급격히 증가하면서 공급망 전체에 큰 변화가 일어나고 있다. 대체로 공급량

증가의 방향으로 움직이고 있어 산업의 팽창으로 이어지는 긍정적인 변화이다. 이런 변화가 일어날 때 기회를 놓치지 않고 우리 기업들이 시장 우위를 선점할 수 있는 교두보를 마련하는 것이 매우 중요하다.

치열한 기술개발 및 주도권 경쟁 중인
각국 기업과 정부

시장조사기관 SNE리서치Solar&Energy Research에 의하면 2025년경 배터리 산업의 규모가 메모리 반도체 시장 규모를 넘어설 것이라 한다. 우리나라의 배터리 기업이자 전지 3사라 불리는 LG에너지솔루션, 삼성SDI, SK온은 2021년에만 7조 원 이상의 시설 및 R&D 투자를 진행했고, 앞으로도 공격적인 투자 계획이 예정되어 있다. 이차전지는 우리나라 주력 먹거리 산업 중 하나가 되어가고 있다. 그러나 우리 기업만 달리고 있는 것은 아니다. 경쟁 상대인 중국과 일본의 기업들도 공격적인 행보를 이어가고 있으며 미국, 유럽에는 수많은 스타트업들이 생겨나고 있다.

중국은 CATL과 BYD를 비롯하여 가장 많은 기업이 세계 10위권 내에 있다. 2020년 기준으로 전기자동차용 이차전지 생산량 1위인

집전체(集電體)

이차전지 활물질의 전기화학 반응에 의해 생성되는 전자를 외부 전달하는 역할을 하며, 양극 및 음극 전극이 도포되는 도전성(導電性, conductivity)이 있는 극판이다. 리튬이온전지의 양극 집전체로는 알루미늄박, 음극 집전체로는 구리박이 사용된다.

리드탭(Lead Tab)

이차전지의 양극과 음극판을 외부와 전기적으로 연결하는 역할을 하는 부품이다.

중국의 CATL은 중국 자동차 회사인 베이징자동차, 상하이자동차뿐 아니라 테슬라, 폭스바겐, 벤츠, BMW, 도요타, 혼다 등 주요 자동차 제작사와 공급 계약을 맺고 있다. 팩을 만드는 새로운 기술인 셀투 팩CTP· 기술을 발표하는 등 기술개발에도 주력하고 있다. 리튬인산 철LiFePO₄을 양극 소재로 사용하는 LFP 배터리·의 경우 전 세계 생산 량의 95%가 중국에서 생산된다. 그 외에도 많은 이차전지 원료가 중국에서 생산된다. 여러 방면에서 중국의 잠재력이 크다는 뜻이 다. 중국 정부의 이차전지 관련 산업 지원도 매우 크고 전폭적이다. 현재까지 100조 원 이상의 보조금이 지급된 것으로 알려졌다. 최근 들어 나트륨이온전지·의 개발도 발표하였다. 저가 배터리 시장에 대 한 적극적인 공략을 진행하겠다는 의도가 엿보인다. 이에 더해 수 요가 풍부한 내수 시장은 중국 배터리 산업 발전에 큰 기폭제가 되 고 있다.

일본은 1991년 리튬이온전지를 최초로 상용화하고 상당 기간 독 주하였다. 그러나 한국과 중국의 추격을 받아 현재는 다소 뒤처져 있다. 비록 셀 시장에서는 한·중에 비해 열세에 있으나 부품·소재

셀투팩(Cell to Pack)

기존 배터리는 다수의 셀이 모듈을 이루고 모듈이 패키지를 이루는데, 이와 다르게 모듈을 생략하고 셀을 바로 팩에 조립하는 기술이다.

LFP 배터리

리튬인산철(LiFePO₄)을 양극 소재로 사용하는 리튬이온전지. 기존 리튬이온전지와 구조 및 기타 소재는 거의 동일하나 양극 소재를 기존 산화물계 대신 인산철계를 사용한 것이다.

나트륨이온전지

리튬 대신 나트륨을 이온전달매개체로 사용하는 이차전지로 기존 리튬이온전지와 구조는 거의 비슷하나 양극 소재, 음극 소재, 전해질 소재를 소금의 주요 성분인 나트륨을 기반으로 한다.

시장에서는 기술 우위에 있는 것으로 평가를 받는다. 부품·소재 시장에서의 일본 점유율은 무시할 수 없는 수준이다. 2021년 9월 도요타 자동차는 2030년까지 16조 원을 배터리에 투자한다는 공격적인 발표도 하였다. 우리나라 입장에서는 리튬이온전지 상용화의 종주국이라 할 수 있는 일본의 재도약 노력은 항상 주시해야 하는 부분이다.

유럽과 미국도 활발히 움직이고 있다. 그동안 리튬이온전지를 생산하기 위한 노력이 있었으나 아직까지는 산업 측면에서의 구체적인 결과가 뚜렷이 보이지는 않았다. 유럽의 경우 '배터리 2030+ 이니셔티브 프로그램' 등을 통해 장기적인 로드맵을 수립하고 공격적인 연구개발 투자를 진행하고 있고, 아시아 국가들이 선점한 배터리 시장에서 경쟁우위를 확보하기 위해 주력하고 있다. 이 프로그램에는 프랑스, 덴마크, 벨기에, 독일, 스페인, 슬로베니아, 이탈리아, 노르웨이, 스웨덴의 유럽 내 9개국이 참여하고 있고 다수의 대학, 연구기관, 협회, 산업체 등이 협업을 진행하고 있다.

미국의 경우 에너지부DOE, Department of Energy의 지원 중심으로 다양한 연구개발이 진행되고 있다. 바이든 대통령은 취임 이후 반도체, 배터리 공급망 전략을 발표할 정도로 배터리 관련 산업을 중요시하고 있다. 또한, 미국 내 수많은 스타트업 기업들이 전고체전지와 리튬메탈 전극기술을 기반으로 차세대 이차전지 관련 사업 추진을 발표하고 있다. 미국이 리튬이온전지의 생산에서는 크게 두각을 나타내고 있지는 않으나 원천기술에서 매우 우수하다는 것은 대부분 인정하는 사실이다.

우리나라도 손 놓고만 있지는 않았다. 2021년 7월, 정부는 '2030

이차전지 산업 발전 전략'을 발표하였다. 대한민국을 글로벌 배터리 산업의 선도기지로 구축하고 독보적인 1등 국가로 도약하기 위한 정부의 종합 지원 대책이다. 여기에는 대규모 R&D 추진, 공급망 관리, 소부장 핵심기업 육성, 이차전지 전문인력 양성 확대, 사용후 이차전지 시장 활성화 등의 공공·민간 수요시장 창출과 같은 포괄적인 이차전지 기술 및 시장 우위 확보 전략이 담겨 있다. 또한, 전지 3사로 대표되는 이차전지 관련 기업들도 공격적인 투자 계획을 발표하고 있다.

실로 전 세계가 배터리 전쟁을 하고 있다 해도 과언이 아니다. 이 시점에서 누가 시장을 선점하느냐가 미래 시장에서의 시장 우위를 확보하는 중요한 실마리가 될 것이다. 시장 선점을 위해서는 우수한 기술력이 가장 중요한 부분이다.

신기술개발과 특허를 둘러싼
경쟁 양상

기술력의 확보가 시장에서의 경쟁력이 된다는 사실은 누구도 부정하지 않을 것이다. 우수한 기술력이 곧 시장 우위로 연결된다. 이는 또한 소비자에게 좋은 제품을 공급하는 것으로 연결된다. 치열한 기술개발 경쟁이 벌어지고 있는 이차전지 분야는 나라별, 기업별 경쟁이 날로 심화하고 있다. 이러한 기술개발의 결과는 일차적으로 특허로 나온다. 그렇다면 특허 현황을 보면 이차전지 기술개발 현황을 알 수 있을 것이다.

2020년 9월, 국제에너지기구IEA, International Energy Agency 는 유럽특허청EPO, European Patent Office과 함께 이차전지 관련 특허 분석 보고서를

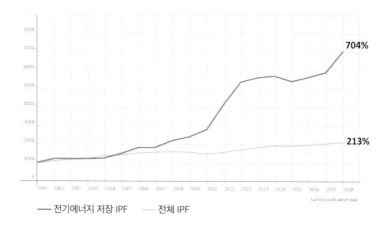

전기에너지 저장 관련 특허 출원의 공개 건수 변화 추이 >>>   출처: 유럽특허청

발간하였다. 해당 분석 보고서는 2개국 이상 출원된 패밀리 특허IPF, International Patent Families만 대상으로 하고 있다. 이는 발명자가 국제적으로 보호받아야 하는 중요한 기술로 판단한다는 근거를 제공하여 신뢰성 있는 분석 결과를 나타낸다. 위의 그림은 전기에너지 저장 관련 특허 출원의 공개 건수 변화 추이를 나타낸다. 기간은 2000년부터 2018년까지이다. 특허는 출원 이후 2년이 지나야 공개되므로 2018년까지 분석한 것이다. 전기에너지 저장 관련 IPF와 전체 IPF로 구분하여 비교했으며, 전기에너지 저장 관련 IPF는 배터리 88%, 전기적저장 9%, 열저장 5%, 기계적저장 3%로 구성되어 있다. 배터리 부문이 전기에너지 저장 기술 대부분을 차지하고 있는 것이다. 상기 분석 결과에 의하면 이차전지 관련 IPF는 다른 기술 분야 대비 매우 빠른 속도로 증가하는 것을 알 수 있다. 2000년 대비 2018년 전체 IPF의 증가율이 2.13배인 것에 비해 전기에너지저장 관련 IPF는 7.04배 증가하였다. 즉, 다른 산업 대비 기술개발 및 특허 경

지리적 분류에 따른 배터리 기술의 패밀리 특허 동향, 2000~2018 >>>
출처: IEA (2020), Innovation in Batteries and Electricity Storage, IEA, Paris

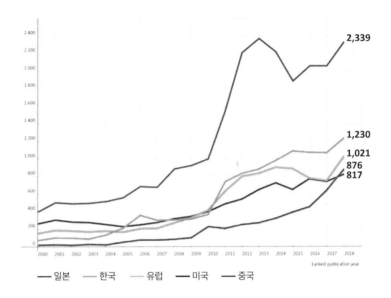

쟁이 매우 치열하다는 것을 증빙하는 결과이다. 최근 들어서는 특허 건수 증가의 기울기가 더욱 가팔라지고 있다. 점점 더 경쟁이 치열해진다는 의미이다.

지역·국가별 이차전지 관련 IPF 변화 추이를 보면 재미있는 현상들이 보인다. 시장에서는 상대적으로 점유율이 낮아진 일본이 여전히 출원 건수에서는 압도하고 있다. 일본의 재도약 움직임을 우리가 주시해야 하는 이유이다. 한국은 두 번째로 많은 특허를 출원하고 있고, 모든 지역·국가의 IPF 건수 증가 기울기가 과거 대비 가팔라지고 있음을 알 수 있다. 특히 중국의 증가 속도가 심상치 않다. 중국의 연구개발 투자가 다른 국가들 대비 빠른 속도로 확대되고 있다는 증거이기도 하다.

이러한 기술개발 경쟁은 분쟁으로 이어지기도 한다. 배터리 분야는 이미 만들어진 제품을 해체하여 역으로 정보를 얻어내는 리버스 엔지니어링Reverse Enginerring이 쉽지 않기 때문에 더더욱 기술의 보호가 중요하고, 핵심 기술들은 영업비밀로 관리하는 경우가 흔하다. 코카콜라의 핵심 레시피 비법을 추적하기 어렵고 이에 관련한 특허를 내지 않는 이유와 유사하다. 가장 잘 알려진 분쟁은 LG화학(현 LG에너지솔루션)과 SK이노베이션(현 SK온) 간에 발생한 분쟁이다. 해당 분쟁은 영업비밀 침해 소송이었다. 2019년 4월 LG화학이 SK이노베이션을 미국 국제무역위원회ITC, International Trade Commission에 제소하면서 시작된 소송이다. 최초 양사 간의 분쟁은 핵심 인재 유출 문제로 시작이 되었다. 이와 관련하여 LG 측에서 국내에서 전직 금지 가처분 소송을 냈고 승소했다. 이후 추가로 인력이 빠져나가자 ITC에 제소한 것이다. 2년여의 소송 끝에 LG화학으로부터 분할하여 설립된 LG에너지솔루션의 승소로 끝나고, ITC는 SK이노베이션에 미국 내 배터리 수입·생산 금지 10년을 명령했다. 다행히 시한을 하루 남기고 SK이노베이션이 LG에너지솔루션에 2조 원의 합의금을 지급하는 것으로 합의가 성사되어 최악의 상황으로 가지는 않았다. 표면적인 원인은 핵심 인재 유출이나, 실제로는 그 인재들이 가지고 있던 기술이 주요 원인이었던 것으로 평가되고 있다. 배터리 관련 분쟁에서 LG와 SK 간의 ITC 제소 건으로 배터리 회사의 영업기밀이 얼마나 중요한지 알 수 있다. 이외 다른 기업들에서도 많은 건수의 기술 관련 분쟁이 있었고, 또 새로운 분쟁이 일어나고 있다. 향후 기술개발 경쟁이 더 치열해지면 이러한 분쟁도 지속적으로 일어날 것이다.

국가별
지원 전략 현황

각국 정부는 이차전지 관련 연구개발과 산업에 적극적으로 지원하고 있다. 전기자동차를 포함한 친환경차의 보급을 위해서이다. 2015년 파리기후협약 체결 후 국가별 탄소 배출 감축 목표 이행을 위한 우선 과제로 내연기관 자동차 판매 금지, 연비 규제 등 친환경차 보급 확대 정책을 추진 중이다. 그리고 친환경차 중 가장 확실한 대안으로 전기자동차가 꼽히고 있고, 이의 핵심 부품은 배터리다. 즉 배터리 기술개발이 친환경차의 기술개발, 궁극적으로는 탄소중립으로 연결되는 것이다. 2030년부터는 유럽을 중심으로 내연기관의 생산 및 판매 금지가 본격적으로 시작될 예정이다. 우리나라의 경우도 '제4차 친환경자동차 기본계획 (2021~2025)'을 통해 2030년 자동차 온실가스 24% 감축을 목표로 2025년까지 친환경차 283만 대, 2030년까지 785만 대 보급을 계획했다. 이 중 전기자동차가 300만 대, 하이브리드 자동차가 400만 대

국가별 내연기관 차량 판매 금지 시기 >>>

연도	국가
2021	코스타리카
2025	네덜란드, 노르웨이
2030	중국, 독일, 인도, 아일랜드, 덴마크, 스웨덴, 핀란드, 슬로베니아, 이스라엘
2032	스코틀랜드
2035	영국
2040	프랑스, 스페인, 싱가포르, 대만
2050	일본

에 달한다. 나머지 85만 대는 수소연료전지 자동차다. 즉, 배터리를 이용하는 친환경차가 700만 대로 대부분을 차지한다. 배터리 산업이 막대한 규모로 성장했고, 앞으로 더 성장할 예정이므로 산업에서의 우위 확보를 위해, 또 탄소중립 달성을 위해 정부 차원의 지원이 필요한 것이다.

이렇듯 이차전지 즉 배터리의 중요성이 크게 부각되면서 세계 각국은 자국 이차전지 산업의 경쟁력을 확보하기 위해 다양한 지원을 하고 있다. 미국은 리튬이온전지 산업에서 원천기술력은 인정받고 있으나 산업적인 측면에서는 아직 두각을 나타내고 있지 않다. 그러나 미국 에너지부의 ARPA-E, 과학국Office of Science의 JCESR Joint Center for Energy Storage Research, 전력국Office of Electricity의 ESS R&D, 수송국VTO, Vehicle Technologies Office의 배터리 500 프로그램 등을 통해 막대하고 장기적인 지원을 하고 있다. 이들 연구개발 프로그램에 투입되는 예산만 해도 수억 달러에 달한다. 한화로 수천억 원에 해당하는 금액이다. 이와 더불어 미국 바이든 대통령은 취임 직후인 2021년 2월 24일 안정적인 공급망 구축을 위한 준비 작업으로 주요 품목 및 산업에 대한 공급망 검토를 관련 부처에 지시하였으며, 여기에는 반도체, 배터리, 희토류, 바이오의약품이 포함되었다. 공급망 검토 결과에 의하면, 배터리의 경우 미국은 원료 생산Upstream, 원료 가공 및 셀 생산Midstream, 완성품 제조 및 리사이클링Downstream 중 미드스트림 부문에서 가장 취약한 것으로 평가되었다. 또한, 배터리 팩의 높은 수입 의존도를 주요 위협요인으로 분석하였다. 배터리 공급망의 원료 가공 및 완성품 제조 단계를 장악하고 있는 중국을 견제하기 위해 원재료 가공·정제, 셀 제조를 위한 시설을 확보하는 한편 공급원 다변화를 위해 동맹국과의 관계 강화를 강조하고 있다. 즉, 배터리 산업에서 경쟁력을 확보하고, 안정적인 공급을 위해 전방위적으로 움직이는 중이다. 우리나라는 미국의 정책 방향을 잘 활용해서 미국 내 입지를 강화할 필요가 있다.

미국의 예를 들었으나 세계 각국도 다양한 방향으로 이차전지 분야 첨단 기술력 강화에 주력하고 있다. 중국은 863 계획, 유럽은 배터리 2030+, 일본은 NEDO의 2050년까지의 장기로드맵을 통한 정부 지원 등 집중적이며 장기적인 지원 전략을 수립해 놓았다.

이렇게 치열한 경쟁이 벌어지고 있는 배터리 산업에서 우리가 산업 우위를 선점하고 지속적인 공급망 선도를 하기 위해 어떤 전략이 필요할까? 이 책에서는 먼저 이차전지가 무엇이며 어떤 구조와 원리로 작동하는지를 알아보고, 전기차와 이차전지 및 관련 기업의 관계, 이차전지 산업의 생태계 등을 살펴본 뒤 우리나라의 현실과 나아갈 길, 글로벌 전쟁에서 승리하기 위한 선제조건이 무엇일지 다루겠다.

여기서 잠깐!

세계 배터리 경쟁국의 장기 지원 전략

• 중국 - 863 계획
863 계획 또는 국가고기술연구발전계획(国家高技术研究发展计划)은 외국 기술에 대한 재정적 의무에서 독립하기 위해 다양한 분야의 고급 기술 발전을 장려할 목적으로 중화인민공화국 정부가 투자, 관리한 계획이다. 계획이 설립된 날(1986년 3월)에서 이름을 따 863 계획이라 명명하였으며, 5년 주기로 갱신하며 장기적으로 진행되고 있다. 최근 계획에 전기자동차, 하이브리드자동

차, 연료전지자동차 등의 용도인 리튬이온전지, 니켈수소전지 등 연구개발 계획을 포함하여 집중적으로 투자하고 있다.

• 일본 - NEDO

NEDO(New Energy and Industrial Technology Development Organization), 번역하면 신에너지산업기술종합개발기구는 일본의 에너지 환경 분야와 산업기술을 담당하는 독립행정법인이다. 에너지 환경 기술 연구개발을 추진하여 그 보급을 지원하고 있다. 이차전지와 관련해서 2050년까지 장기로드맵을 수립하여 집중 지원하고 있다.

• 유럽 - 배터리 2030+

배터리 2030+ 전략은 유럽이 배터리 연구개발 분야의 주도권을 확보하는 데 필요한 주제와 연구영역들을 제시하고 있는 대규모 장기 연구개발 이니셔티브(European large-scale research initiative)이다. 배터리 2030+ 전략 최종보고서에는 미래의 배터리 연구개발을 위한 중장기 로드맵과 함께, 중점 추진이 필요한 내용을 망라하고 있다.

• 미국 - 다방면의 투자

미국은 인플레이션 감축법(IRA) 및 리튬 배터리를 위한 국가 청사진 2021-2030(National Blue Print for Lithium Batteries 2021-2030) 정책을 통해 리튬이온 전지를 만들기 위한 소재의 해외 의존도를 낮추고 이차전지 재활용을 통한 밸류체인 구축을 지원하여 자국의 기술력 확보 및 국제사회 경쟁력 강화를 도모하고 있으며, 미국 에너지부(DOE)는 2021년 자동차용 이차전지 연구에 2억9백만 달러를 투입하겠다고 선언하는 등 다각도의 지원책을 마련하고 있다.

이에 비해 한국은 대기업의 제품 개발 중심으로 연구개발이 이루어지고 정부의 투자도 산업부 중심의 상용화 기술개발 중심으로 이루어지고 있다. 이는 후발 추격 주자에서 선두주자로 발돋움하는 데는 효율적이었으나, 미래를 준비하기 위한 차세대 이차전지 관련 연구개발 투자 및 중장기 계획은 아직 부족한 부분이 있어 아쉬운 상황이다.

이차전지란 무엇인가

SECONDARY
BATTERY
REPORT

리튬이온전지의
핵심 원리

전지의
구조와 종류

학창 시절 과학 시간에 배운 전지의 기본을 떠올려보자. 전지는 양극, 음극으로 구성되어 있고 이를 통칭하여 전극이라고 한다. 양극과 음극은 고유의 전기화학 전위를 지니고 있으며, 두 전극의 전위* 차이가 전압Voltage이 된다. 양극의 전위에서 음극의 전위를 뺀 것이 전압이다..

두 전극의 산화·환원 반응에서 생성되는 이온은 이온의 통로 역

전위(potential)

전기적 위치에너지를 의미한다. 전위는 기준점을 어디로 두느냐에 따라 달라지는 값이므로 상대적인 위치 차이가 중요하다. 높은 전위에서 낮은 전위로 전류가 흐르는데, 그 위치에너지 차이가 바로 전압이며 단위는 볼트(V)를 사용한다.

전지의 원리 >>>

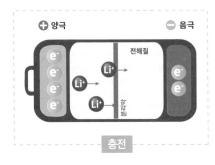

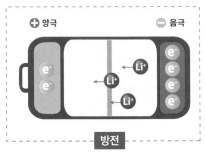

양극(+)에 있던 리튬이온(Li+)이 음극으로 이동

음극(-)에 있던 리튬이온(Li+)이 양극으로 이동

할을 하는 전해질을 통해 흐르고, 동시에 생성된 전자는 외부 도선을 통해 이동한다. 이를 통칭하여 전기화학 반응이라고 한다. 방전 반응이 진행되면 양극과 음극을 구성하는 화학물질 간 이온 교환 반응이 일어나며, 반응이 종료된 후 충전된 상태의 화학물질로 다시 돌아갈 수 있는 물질인지, 아니면 돌아갈 수 없는 물질인지에 따라 일차전지와 이차전지로의 전기화학 반응을 구분할 수 있다. 돌아갈 수 있는 물질은 가역 반응Reversible reaction할 수 있는 물질이며, 돌아갈 수 없는 물질은 비가역 반응Irreversible reaction 물질이라고 한다. 비가역 반응 물질은 한 번만 방전 반응이 일어나며 원래의 상태로 다시 되돌리려면 큰 에너지가 필요하거나 혹은 다시는 되돌릴 수 없는 상태로 변하므로 충전할 수 없는 일차전지가 된다. 주로 분해가 잘되지 않는 안정된 산화물로 변한다. 반면 이차전지의 양극과 음극은 전기화학 충·방전 반응을 여러 번 반복진행하는 동안 원래의 물질로 돌아갈 수 있는 가역 반응 물질로 구성되어 있기 때문에 여러 번 충방전하여 사용이 가능한 전지로의 구동이 가능하다.

일차전지 및 이차전지의 종류와 사용처 >>>

일차전지: 망간전지, 수은전지, 산화은전지, 공기아연전지 등

이차전지: 니켈카드뮴전지, 니켈수소전지, 리튬이온전지, 리튬폴리머전지 등

전지電池라는 단어는 현재 우리가 휴대폰, 노트북, 전기자동차 등의 전원으로 사용되는 제품을 칭하는 용어로 흔히 배터리Battery라고도 불리고 있다. 전지라는 용어를 사용하는 제품으로는 이차전지, 연료전지, 태양전지 등이 있다. 이를 영어로 표기하면 Secondary Battery, Fuel Cell, Solar Cell이다. 영어 표기에서 Cell과 Battery는 정의상 차이가 있다. 셀은 화학 반응을 통해 전기에너지를 생성하는 단일 유닛이며, 배터리는 여러 개의 셀이 연결되어 더 많은 양의 전기에너지를 생산하는 장치이다. 연료전지Fuel Cell와 태양전지Solar Cell는 수소 혹은 태양광으로부터 전기를 생산하는 단일 유닛에 강조를 두며 명명되었다. 그러나 배터리라는 용어는 초기에 단일 패키지 내에서 여러 개의 셀이 사용되었던 것에서 비롯된 것으로 추정된다. 이러한 셀들은 과거 전장에서 대포가 일렬로 배치되어

운영되는 방식과 유사하게 배치되었다. 과거 Battery는 함께 운영되는 일련의 대포를 묘사하는 데 사용된 용어였으며, 이 개념과 유사하게 더 큰 전압을 생성하기 위해 직렬로 연결된 셀들의 모음을 묘사하는 데 사용되고 현재는 배터리라는 용어로 굳어진 것으로 추정된다.

여기서는 배터리와 같은 개념으로서의 전지에 대해 논할 것인데, 전지는 사용하는 방식에 따라 일차전지와 이차전지로 한 번 더 구분할 수 있다.

일차전지Primary Battery는 우리가 흔히 말하는 힘 세고 오래가는 건전지와 같이, 한번 사용하면 충전할 수 없어 재사용할 수 없는 전지이다. 알칼리전지, 수은전지 등이 이에 속한다. 이차전지Secondary battery 혹은 Rechargeable battery는 한번 사용하였어도 충전이 가능하며 재사용할 수 있는 전지이다. 대표적으로 리튬이온전지를 비롯하여 니켈카드뮴전지, 니켈수소전지 등이 이에 속한다. 전지를 전자기기에 장착하여 사용하게 되면 전압이 떨어지는데 이를 전지 내부의 화학 반응에서는 방전Discharge이라고 일컫는다. 전압이 떨어져 일정 전압에 다다르게 되면 더는 이용하지 못하는 상태가 되는데, 이때 사용한 시간과 전류의 양을 곱한 것을 용량Capacity이라고 한다. 반대로 방전된 이차전지의 전압을 올려 재사용할 수 있게 만드는 것을 충전Charge이라고 한다. 기본적으로 충전과 방전을 여러 번 반복하여 사용할 수 있는 장치가 이차전지이다. 많은 양의 전기를 충전하여 오랫동안 사용할 수 있어야 하며, 충전과 방전의 반복 횟수가 많아져도 처음과 유사한 사용시간을 유지하는 것이 이차전지에 가장 기본적으로 요구되는 특성이다. 전자를 고용량 특성이라고 일컬으며,

후자를 수명 특성이라고 일컫는다.

납축전지, 니켈카드뮴전지, 니켈수소전지 등 다양한 이차전지가 개발되었지만, 현재 사용 중인 대표적인 이차전지인 리튬이온전지를 구성하는 소재 및 부품은 일반적인 이차전지와 동일한 구성 요소인 양극과 음극, 전해질을 채용하고 있다. 전극은 전극 활물질(양극 및 음극 활물질, 또는 양극 및 음극 소재)이 바인더 및 도전재와 혼합되어 있고, 양극은 알루미늄 박판, 음극은 구리 박판의 집전체에 부착되어 있다. 전해질은 보통 유기계 액체전해질을 적용하고 있으며, 액체전해질이 양극과 음극 내부의 기공pore 내부를 침투하여 접촉할 수 있는 면적을 가능한 최대화할 수 있도록 구성된다. 정상적인 반응에서는 전자는 도선을 통해 흐르고, 리튬이온은 전해질을 통해 전달되며 통제가 된다. 그러나 양극과 음극이 맞닿게 되면 전자의

리튬이온전지 핵심소재 >>>

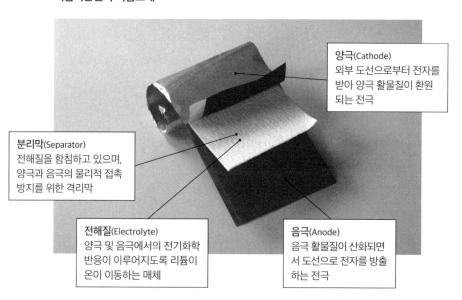

양극(Cathode)
외부 도선으로부터 전자를 받아 양극 활물질이 환원되는 전극

분리막(Separator)
전해질을 함침하고 있으며, 양극과 음극의 물리적 접촉 방지를 위한 격리막

전해질(Electrolyte)
양극 및 음극에서의 전기화학 반응이 이루어지도록 리튬이온이 이동하는 매체

음극(Anode)
음극 활물질이 산화되면서 도선으로 전자를 방출하는 전극

흐름이 외부 도선을 통하지 않고 맞닿은 부분으로 전달되면서 전자와 리튬이온이 한꺼번에 양극과 음극에 직접 전달되는 반응이 일어난다. 이러한 현상을 내부 단락internal electrical short circuit, 쇼트이라고 한다. 내부 단락이 일어나면 급속한 반응으로 인한 전압 강하 및 강한 발열 반응, 발화 및 폭발 반응이 일어나는데 이것이 이차전지의 폭발이나 화재로 연결된다. 이를 방지하지 하기 위해 리튬이온전지는 분리막seperator이라는 고분자로 만들어진 얇은 필름을 양극과 음극 사이에 배치하여 내부 단락을 방지하고 액체전해질을 내포하여 리튬이온전지로의 구동을 가능케 한다.

양극, 음극, 전해질, 분리막은 리튬이온전지의 4대 핵심소재이다. 이차전지 개발 국가들, 즉 우리나라를 비롯한 미국, 일본, 중국은 해당 소재에 대한 핵심 기술과 원료를 확보하기 위한 기술 전쟁을 펼치고 있다. 4대 핵심소재는 리튬이온전지의 용량, 수명뿐만 아니라 발화 및 화재로부터의 안전성과 더불어 리튬이온전지의 가격을 결정하는 중요한 요소이다. 현재 리튬의 가격 상승, 니켈 및 코발트 등의 원료 가격 상승이 중요한 이슈로 부각되고, 우리나라 대표 기업들이 니켈, 리튬 등의 원료 채굴권에 관심을 가지는 이유도 원료 가격이 리튬이온전지의 가격에 결정적인 영향을 미치기 때문이다.

리튬이온전지가 동작하는 원리

리튬이온전지는 양극(+)과 음극(-) 소재에서 일어나는 산화·환원 반응*으로 화학에너지가 전기에너지로 변환되는 전기화학 반응에 의해 구동된다. 산화·환원 과정에서 리

산화·환원 반응의 원리 >>>

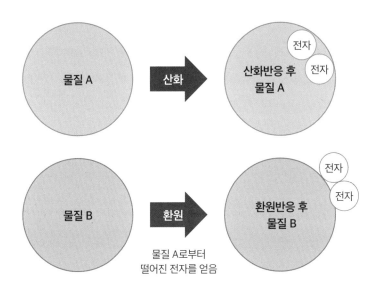

튬은 리튬이온과 전자로 분리되며, 전자(e⁻)는 외부 도선을 따라 음극과 양극 사이를 오가는데 이때 전기를 발생시키고, 리튬이온(Li⁺)은 전해질을 통해 양극과 음극 사이를 이동한다. 리튬이온전지는 외부에서 전기에너지를 얻으면 리튬에서 분리된 리튬이온과 전자가 양극에서 음극으로 이동하고 음극에서 환원이 일어나 에너지를 저장하고, 동시에 전압이 상승하며(보통 4.2~4.3V 이상) 충전이 된다. 반대로 음극에서 양극으로 리튬이온과 전자가 이동하면 양극에서 환원이 일어나 에너지가 방출되는 방전 반응이 진행되는 원리이다. 자발적으로 산화 혹은 환원 반응을 일으키면 전자를 원하는 시점에

산화·환원 반응
───
산화·환원 반응이란 양극 및 음극 소재 간의 '전자(e⁻)와 이온(Li+, 리튬이온)의 이동'으로 일어나는 반응이다. 전자를 잃으면 '산화'됐다고 하고 전자를 얻으면 '환원'됐다고 한다.

이동하게 할 수 있어 전자기기를 구동하는 것이다.

리튬이온전지가 안정적으로 여러 번 충전과 방전을 반복할 수 있게 된 것은 양극 소재나 음극 소재가 충전과 방전이 진행되는 동안 구조적 파괴가 일어나지 않기 때문이다. 리튬이온이나 전자가 빠져나가고 들어오는 반응인 충전 혹은 방전 과정 중에 리튬코발트옥사이드LCO, LiCoO$_2$, 리튬니켈코발트망간옥사이드NCM, LiNiCoMnO$_2$, 리튬니켈코발트알루미늄옥사이드NCA, LiNiCoAlO$_2$ 등의 양극 소재와 흑연과 같은 음극 소재는 다른 물질로 변화되지 않고 항상 같은 구조를 유지하고 있기에 리튬이온과 전자가 안정적으로 들락날락할 수 있다.

리튬이온을 안정적으로 사용할 수 있게 된 것은 그리 오래되지 않았다. 다양한 화학물질 중 리튬이온과 화학반응이 가능한 물질에 대한 탐색이 완료된 것은 불과 30여 년 전인 1991년이다. 존 구디너프, 스탠리 휘팅엄, 요시노 아키라의 연구 결과들이 모여 리튬이온전지가 개발되었다. 이들의 양극 및 음극 소재 연구에 따라 리튬이온이 이차전지에 활용될 수 있었고 휴대폰, 노트북, 전기자동차 등에 쓰이게 되었다. 항상 전자기기의 부속품으로 인식되고, 사용 시간이 부족하거나 빈번한 충전의 번거로움, 심지어 폭발 위험성을 지닌 위험한 존재로 인식되던 리튬이온전지(배터리)가 인류의 생활을 바꿀 수 있는 중요한 연구개발 업적으로 인식된 전환점이다. 리튬이라는 원소가 다른 원소에 비해 공기나 물과 반응성이 높아 폭발할 수 있는 특성을 고려하면, 안정적으로 반응할 수 있는 물질을 탐색하는 과정이 직접 실험하는 연구자에게 위험 부담이 컸을 것이다. 게다가 반응할 수 있는 물질의 종류가 거의 무한대인 점, 각 물질에 대한 안정적인 반응 여부를 확인하는 노력 등을 고려하면, 위

> **여기서 잠깐!**
>
> ### 리튬이온의 특성
>
> 리튬이온전지에서 리튬은 전지 내에서 이동하는 이온이다. 화학 시간에 배웠듯 원자번호 3번, 1족 혹은 알칼리 금속이다. 물과 반응하여 수소가스를 만들고, 공기 중에 노출되면 위험하다 정도를 기억하고 있을 것이다. 1족 원소는 보통 전자 하나를 잃기 쉽다. 그래서 산소나 수분이 많은 환경에서는 리튬 금속의 고체 상태로 존재하지 않고, 액상에서 리튬이온(Li^+) 상태로 존재한다. 리튬이온전지에서 음이온에 해당하는 전자를 이동하기 위해서 전지 내에서는 양이온인 Li^+가 이동하면서 전기에너지를 만드는 것이다.
>
> 또한 리튬은 리튬이온과 전자로 분해되면서 만들 수 있는 전압의 정도가 지구상에서 존재하는 물질 중에 거의 제일 낮다. 학창 시절 외웠던 '칼카나마알아철니주납수구수은백금'에서 제일 앞의 칼륨보다도 0.1V 정도 더 낮은 전위를 갖는다. 그래서 리튬을 음극으로 구성하면 양극에 어떤 물질을 구성하더라도 전지의 전압을 높게 만들 수 있다. 게다가 리튬이온은 원자번호 3번이기에 가볍고 빠르다. 양이온 중 수소를 제외하면 제일 빠른 이동 속도를 갖고 있다. 이동 속도가 빠르면 전지의 파워가 커질 수 있다. 휴대폰으로 비교하면 고해상도 디스플레이에서 게임이나 동영상을 끊김없이 시청할 수 있듯이 사용할 수 있는 전력량이 크고 힘이 센 전지가 있으면 더 큰 전자제품을 오래 구동할 수 있다. 현재까지 개발·상용화된 것 중 최고 효율을 보이는 것이 리튬이온전지이다.

세 연구자가 리튬이온전지 개발을 인정받아 2019년 노벨화학상을 받은 것은 그 노력에 대한 존중을 보인 의미있는 결과이다. 리튬이온전지 개발 과정에 대한 자세한 설명은 다음 단락에서 설명하겠다.

리튬이온이 안정적으로 산화·환원 반응을 하기 위해서는 어떤 상태가 가장 안정할 것인가의 문제가 남아있다. 일반적인 산화·환원 반응은 화학적 결합이 강하기 때문에 산화·환원 반응을 일으킬

때 큰 에너지가 필요하다. 예를 들면 우리가 사용하는 전지를 100의 힘을 주고 충전을 했다면, 산화·환원 반응에 에너지를 사용하게 되므로 꽤 큰 손실을 안고 50 정도의 방전밖에 얻을 수 없다는 의미이다. 1970년대 옥스퍼드대 존 구디너프 교수는 리튬이온이 안정적으로 탈삽입 반응할 수 있는 리튬코발트옥사이드$_{LCO}$라는 양극 소재[*]를 개발했다. 이차전지에서는 흔히 양극 내부에 전자 전도도를 향상하기 위해 전도성 탄소를 섞고, 입자 간의 강한 결합력을 유지하기 위해 바인더 물질을 섞는다. 이렇게 개발된 양극 소재는 1991년 소니에 의해 상용화된 리튬이온전지 양극 소재의 시초가 되었다. 리튬코발트옥사이드는 코발트와 산소의 층상형 구조에 리튬이온이 위치한다. 이때 충전을 하면 리튬이온이 층상형 틈 사이에서 빠지게 되고, 방전하면 다시 층상형 사이로 들어가게 되면서 리튬이온의 탈삽입 반응이 이루어진다. 탈삽입 반응에 의한 화학적 결합은 일반적인 산화·환원 반응에 비해 적은 에너지로 산화·환원을 하기에 에너지를 100 충전하면 99 정도의 에너지를 얻을 수 있다.

1972년 스탠리 휘팅엄 교수는 이황화티타늄$_{TiS_2}$을 이용한 리튬이차전지를 개발했다. 이때만 해도 이 전지를 '리튬전지'라고 불렀다. 엑손$_{Exxon}$에 들어가기 전부터 구디너프 교수와 다양한 탈삽입 반응형 양극 소재를 개발하고 관련 특허를 보유하고 있었다. 초기의 양극 소재는 대부분 이 두 연구자의 발견이었다. 그러나 이황화

양극 소재(양극 활물질, cathode)

리튬이온전지의 (+)극, 즉 양극을 구성하는 화학물질을 양극재 혹은 양극 소재, 양극 활물질이라고 한다. 대개 리튬과 산소, 금속의 화합물로 구성되어 있으며, 리튬이온전지에서 리튬의 공급처 역할을 하는 소재로, 용량, 전압 등의 중요한 특성을 결정하는 물질이다.

리튬이온전지의 구동 원리 >>>

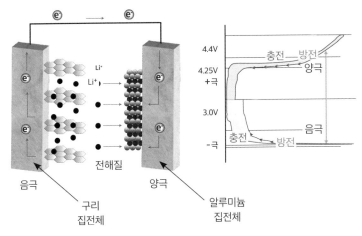

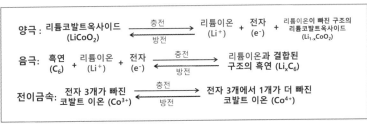

티타늄은 높은 원자재 가격, 높은 제조단가 등의 이유로 상용화 연구가 오래가지 않았다. 이황화티타늄을 적용한 리튬이차전지는 음극에 주로 리튬 알루미늄 합금 금속을 사용하였다. 리튬 금속이나 합금 금속을 음극으로 사용할 경우 충전 시 리튬이온이 전자와 결합하여 리튬 금속으로 변환할 때 안정적으로 음극에 증착(전착)되는 게 아니라 침상형(혹은 수지상)으로 들러붙는다. 나뭇가지 모양으로 뾰족하게 된 리튬 금속을 덴드라이트*라고 한다. 이 날카로운 리튬은 고분자로 이루어진 분리막을 뚫고 음극과 양극의 내부 단락 현상을 일으켜서 충전 중에 폭발하거나 전지의 용량을 떨어뜨리는 원인이 된다. 이런 문제점이 있어 리튬을 적용한 이차전지의 잠재력은 보여줬지만, 당시만 해도 상용화는 불가능할 것이라는 의견이 지배적이었다.

리튬이온전지 개발의 마지막 키워드는 글자 자체에서 볼 수 있듯이 리튬이차전지에서 리튬이온전지로의 '리튬이온'이다. 앞서 언급했듯 전해질 내에 이온으로 반응하여 존재하는 리튬이온을 이용한다. 다른 관점에서도 이온이라는 단어를 생각해볼 수 있다. 이전에는 음극에 리튬 금속이나 리튬 합금 금속을 적용하여 리튬이온의 충·방전 반응을 진행했다. 그러나 앞서 언급한 안전성의 문제로 리튬이 아닌 다른 음극 소재를 적용할 수밖에 없었다. 그렇게 되어 리튬코발트옥사이드$_{LiCoO_2}$ 양극 활물질과 마찬가지로 흑연이라는 층상형 물질을 사용함으로 층상형 틈에 리튬이온이 삽입·탈리 하는 전략을 사용하게 된다.

1985년 일본의 요시노 박사가 흑연계 소재를 음극으로 이용한 이차전지를 개발하였는데 이것이 현세대 리튬이온전지의 시초 모델이다. 이 이차전지는 흑연계 음극 소재와 구디너프 교수가 개발

덴드라이트(Dendrite)

리튬이차전지 충전 시 음극 표면에 형성되는 나뭇가지 모양의 리튬 금속이다. 액체전해질 내에 용해되어 있는 리튬이온이 리튬 금속핵을 형성한 후 성장하며, 분리막을 관통할 경우 내부 단락을 일으키거나 셀 폭발·발화로 이어질 수 있다.

삽입·탈리

리튬이온전지용 양극 및 음극재를 구성하는 화학물질은 대개 층층 간의 구조로 되어 있다. 특히 양극재는 산소와 금속이 1층, 2층 등 각 층을 이루고 있으며, 그 층 사이에 리튬이 존재하고 있는 구조이다. 리튬이 빠지고 들어가도 안정적으로 충·방전이 가능한 것이다. 리튬이 양극 소재의 구조 내 층과 층 사이를 빠지는 반응(충전)을 탈리, 다시 들어가는 반응(방전)을 삽입이라고 한다.

한 리튬코발트옥사이드 양극 소재를 사용하여 실질적으로 리튬 금속 또는 리튬이 존재하지 않고 리튬이온만 존재한다. 이에 '리튬이차전지'라는 표현에서 '리튬이온전지'라는 표현으로 바뀌어 현재까지 이어오고 있다.

이들이 개발한 리튬이온전지로 인해 현재 대부분의 전자기기를 비롯하여 전기자동차에 이르기까지 전력 공급선 없이 편리한 무선 생활을 할 수 있게 되었고, 배기가스 없이 자동차를 운행할 수 있게 되었다. 지금은 세 교수님의 후학들을 비롯한 많은 연구자들이 더 오래가고 안전하게 사용할 수 있는 이차전지를 개발하기 위해 노력하고 있다.

리튬이온전지가
개발되기까지

2019년 노벨화학상의 주인공
리튬이온전지

노벨화학상은 공학이나 자연과학 분야, 특히 새로운 소재를 개발하는 과학자라면 누구나 한 번은 꿈꾸는 영광의 타이틀이다. 이 상은 수상자의 연구나 발명이 단순히 학문적인 발전뿐만 아니라 전 세계 인류의 생활에 밀접한 관련이 있고 인류 사회의 안전과 번영을 위한 노력으로 인정되었다는 의미에서 과학자가 자신의 연구 업적을 인정받을 수 있는 가장 영예로운 상이다.

이차전지를 연구하고 있는 과학자라면 더욱이 2019년 노벨화학상에 관심이 많았을 것이다. 1991년 리튬이온전지가 상용화된 후 이차전지라는 주제로 노벨상을 받은 이력이 없기 때문이다. 게다가

2019년 노벨화학상 공동 수상자 3명의 초상 >>>

우리나라는 삼성SDI, LG화학(현재는 LG에너지솔루션), SK이노베이션(현재는 SK온)을 중심으로 전 세계 이차전지 시장을 주도하고 있으며, 다양한 학계·연구계에서 이차전지 소재 및 셀 기술을 주도하고 있기에 노벨화학상을 이차전지 관련 업적으로 수상할 수 있을지에 대한 기대감이 커지고 있었다. 그러한 기대감은 2010년 GM 볼트, 테슬라 등에서 리튬이온전지를 적용한 전기자동차를 선보이면서 고조되었다. 2019년 10월 9일 저녁, 스웨덴에서 발표한 노벨화학상의 주인공으로 존 구디너프John B. Goodenough(당시 97세) 텍사스대학 교수와 스탠리 휘팅엄Stanley Whittingham(당시 78세) 뉴욕주립대 빙엄턴대학 교수, 요시노 아키라Akira Yoshino(당시 71세) 아사히 가세이 명예연구원 겸 메이조대 교수의 이름이 호명된 순간 전 세계 이차전

◑ 리튬 이온　◑ 전자

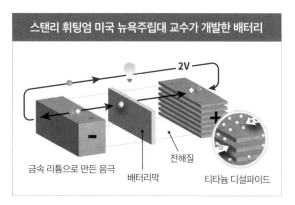

스탠리 휘팅엄 미국 뉴욕주립대 교수가 개발한 배터리

2V

금속 리튬으로 만든 음극　배터리막　전해질　티타늄 디설파이드

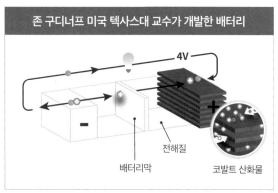

존 구디너프 미국 텍사스대 교수가 개발한 배터리

4V

배터리막　전해질　코발트 산화물

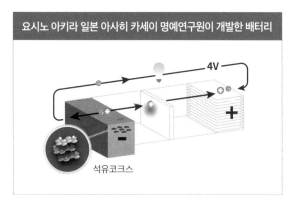

요시노 아키라 일본 아사히 카세이 명예연구원이 개발한 배터리

4V

석유코크스

지를 연구하는 과학자의 가슴은 벅차올랐다. 전자기기의 부속품으로만 인식되어 사용시간 부족이나 빈번한 충전에 대한 번거로움, 심지어 폭발 위험성을 지닌 말썽꾸러기로 인식되던 리튬이온전지가 이제는 인류의 생활을 바꿀 수 있는 중요한 연구개발 업적으로 인정받은 전환점이 된 것이다.

2023년 현재는 휴대폰, 노트북을 비롯하여 전기자동차 및 ESS 같은 중대형 기기부터 무선이어폰 같은 초소형 기기까지 리튬이온전지가 사용되지 않는 전자 제품이 거의 없다. 그러기에 리튬이온전지 개발에 공헌한 핵심 연구자 3명이 노벨화학상 수상자로 선정된 것은 예상하기 어려운 일이 아니었다.

이차전지의 개념 발견에서 납축전지로
발전하기까지

우리가 사용하는 리튬이온전지가 개발되어 상용화된 역사는 30여 년에 불과하다. 그에 앞서 다양한 이차전지에 대한 개념이 개발되었다. 대부분의 발명이 그러하듯이 전지의 기초라고 할 수 있는 전기화학 반응에 대한 발견도 우연한 자연현상을 통한 것이었다. 최초의 전지 개념은 1800년 이탈리아의 과학자 알렉산드로 볼타Alessandro Volta가 구리와 아연을 전극으로 하는 일차전지인 볼타전지Voltaic Cell를 발명하면서 나왔다. 볼타전지가 발명되기 20년 전인 1780년 이탈리아 볼로냐 대학교의 생물학 교수인 루이지 갈바니Luigi Aloisio Galvani는 개구리 해부 실험을 진행하다 죽은 개구리 뒷다리에 황동 철사와 같은 서로 다른 금속이 닿자 꿈틀거리는 것을 목격하였다. 개구리가 죽은 상태에서도 어떤 자극을 받으면 전기가 흐르고 근육이 움직인다는 사실을 발견하고, 이 에너지를 동물전기라고 발표하였다. 갈바니의 연구에 의심을 품은 볼타는 수차례 반복된 실험을 통해 두 종류의 서로 다른 금속과 습기만 있으면 금속의 전기화학적인 산화·환원 반응에 의해 전류가 흐른다는 사실을 발견하였다. 이렇게 전기 발생의 원리를 발견하고, 인류 최초의 전지인 볼타전지를 발명하였다. 금속이 이온과 전자로 분해될 때 발생하는 고유의 전압에 의해 전류가 흐르는 원리를 발견한 것이다. 볼타전지는 구리 원반과 산용액을 적신 헝겊, 아연 원반을 교대로 쌓아서 만들어진 것으로 현재는 사용하고 있지 않지만, 당시에는 물을 전기분해하는 데 쓰이는 등 이차전지를 비롯한 연료전지 등의 개념으로 확대되었다. 지금도 이탈리아 꼬모Como에 가면 볼타의 공을 기리기 위한 볼타 사원이 있다. 현재 전압의 단위로 쓰이는 볼트Volt, V도 그의 이름에서 따온 것이다. 그런데 갈바니의 동물전기 이론과 볼타의 볼타전지 이론은 모두 맞는 것으로 밝혀졌다.

볼타가 개발한 전지와 볼타 사원 >>>

현재 사용하는 재충전이 가능한 이차전지의 최초 형태는 1859년 프랑스 물리학자 가스통 플랑테Gaston Plante가 발명한 납축전지lead-acid battery이다. 충전할 수 있는 최초의 전지였고, 납과 황산의 전기화학 반응을 이용한 이차전지였다. 납축전지의 작동 원리에 대해서 구체적으로 설명하면, 금속이 이온과 전자로 분리되는 정도인 이온화도가 다른 두 개의 전극으로 이루어졌고, 전지 내부에는 이온의 이동 경로가 되는 전해액이 있고, 외부 도선을 통해 전자가 이동을 하도록 구성하면 이온화도가 큰 쪽의 전극으로부터 반대쪽 전극으로 전자가 이동하게 되는 원리이다. 납축전지는 전극에서의 화학반응이 가역적이어서 외부에서 전류를 공급하면 다시 원래 상태로 돌아갈 수 있어 재충전하여 반복 사용이 가능하다. 또한, 높은 전류량을 얻기 위해서는 전극의 면적이 커야 하므로 실제 축전지에서는 여

납축전지 모식도 및 모형 >>>

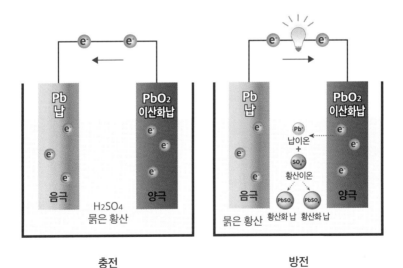

충전   방전

러 개의 전극을 병렬로 연결하며, 단위 셀당 전압은 크기에 상관없이 약 2V로 일정하고 높은 전압을 얻기 위해 여러 개의 셀을 직렬로 연결하는 방법을 사용한다. 납축전지는 지금도 일반 자동차에 널리 사용하고 있다. 소위 자동차 밧데리 혹은 배터리라는 명칭으로 현재도 가장 많이 사용하고 있는 전지 타입이라고 볼 수 있다. 자동차의 경우로 예시를 들자면 자동차용 축전지가 12V의 전압이 필요하다면, 이를 얻기 위해 2V짜리 6셀을 직렬로 연결한 축전지를 사용한다.

납축전지는 다른 이차전지에 비교해서 경제적이지만 용량에 비해서 다소 무거운 것이 단점이다. 납을 사용하기 때문에 환경 오염의 문제가 있지만, 황산의 누출 위험만 없다면 다른 이차전지들보다 훨씬 안정적인 편이다. 또한 폐기되는 납축전지는 대부분 회수되어 재활용되고 있어 환경 오염의 문제를 해결하고 있다. 납축전지는 싼 가격과 안정적인 특성으로 인해 자동차의 시동, 조명 등 전기 제공용 전원으로 널리 사용되고 있으며, 지게차와 골프용 카트 같이 무게가 중요하지 않은 차량에서 많이 사용되고 있다. 산업용으로는 전력저장시스템ESS과 전자기기의 예비 전원 등으로 활용되고 있다. 다만, 납축전지는 무게가 무거워서 스마트폰이나 무선 청소기와 같이 무게가 중요한 품목에 대해서는 적용하지 못하였다.

휴대용 이차전지의 시작,
니켈카드뮴전지

납축전지는 부피가 크고 납과 같은 무거운 금속을 쓰기 때문에 무게로 인해 휴대용 이차전지로는 사용할 수 없었다. 소비자에겐 전원을 연결하지 않고 휴대용으로 사용할 수 있는 전자기기에 들어갈 작고 가벼운 이차전지가 필요했다. 그러한 이유로 대중화된 이차전지가 지금의 AA 건전지와 같이 원통형 전지 형태로 출시된 니카드전지 혹은 니켈카드뮴NiCd전지이다. 니켈카드뮴전지는 1899년 스웨덴의 발데마르 융너Waldemar Jungner가 발명하였는데, 그는 1906년 스웨덴 오스카르샴 근처에 공장을 설립하여 이차전지를 생산하였다. 니켈카드뮴전지는 양극에는 수산화니켈Ni(OH)₂, 음극에는 카드뮴Cd, 전해질로는 수산화칼륨KOH을 사용하여 양극에서 발생하는 산소가스를 음극에서 소비시키는 구조의 이차전지이다.

니켈카드뮴전지가 본격적으로 대중화된 건 1980년대부터이다. 발명부터 대중화까지 가격과 효율성 면에서 건전지와 비슷한 수준에 이르기까지 80년 이상의 세월이 필요했다. 양방향 라디오 또는 휴대용 카세트 플레이어, 응급 의료 장비, 방송용 전문 비디오카메

니켈카드뮴전지 원리 >>>

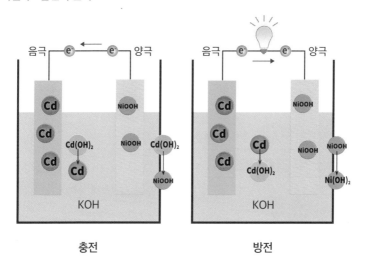

충전　　　　　　　　　방전

라 등 일차전지인 건전지가 적용되던 분야를 차츰 니켈카드뮴전지가 대체하기 시작했다. 전압은 약 1.2V로 1.5V의 건전지보다는 낮지만, 사용하면서 전압이 떨어지는 건전지와는 달리 니켈카드뮴전지는 1.2V의 전압을 꾸준히 유지하면서 방전된다. 당시의 전자기기는 1.0V 이상에서 구동되도록 설계되어 있어 니켈카드뮴전지는 낮은 전압에도 불구하고 꾸준히 적용되었다. 1980년대 니켈카드뮴전지의 에너지밀도는 약 40~60Wh/kg(50~150Wh/L)였으며 충방전 효율은 약 70~90% 정도였다.

대중화된 니켈카드뮴전지는 AA 건전지와 같은 크기 및 모양의 원통형 전지를 적용하였기에, 당시의 전자기기는 휴대용일지라도 어느 정도의 두께가 있는 외형이어야만 했다. 그리고 건전지에 비해 비싼 가격과 더불어 전용 충전기를 동시에 구매해야 했기 때문에 소비자에게 큰 반응을 불러오지 못했다. 게다가 카드뮴은 중금속 중 하나로, 1980년대 우리나라는 납, 수은 등과 같은 중금속 중독에 대한 사례가 빈번히 등장하면서 큰 인기를 끌지 못했다. 하지만 니켈카드뮴전지의 대중화로 인해 한번 쓰고 버리는 건전지가 아닌 재충전해서 사용할 수 있는 이차전지에 대한 필요성이 부각되기 시작했다.

휴대용 이차전지의 에너지밀도를 높이다, 니켈수소 및 리튬이온전지

이차전지의 발전을 위해 전지 자체의 에너지밀도 향상 연구가 꾸준히 이루어지고 있었다. 고용량 및 고전압 소재 개발을 통한 에너지밀도 향상이 연구개발의 주요 내용이었으나, 이차전지의 발전 속도는 소비자가 원하는 전자제품의 수요 및 요구사항을 만족시키기에는 부족한 면이 있었다. 원통형의 두꺼운 두께로 개발된 니켈카드뮴전지는 전자제품의 두께를 줄이는 데 한계가 있어, 지금과 같은 얇고 가벼운 전자제품에 적용되기에는 부족했다. 이에 등장한 이차전지가 니켈수소전지Ni-MH, Nickel Metal hydride battery이다. 니켈수소전지의 발명은 1967년 바텔제네바연구센터Battelle-Geneva Research Center에서 시작되었다. 개발 당시의 수소저장 합금 성분은 티타늄·니켈 금속의 합금Ti-Ni Alloy과 수산화산화니켈NiOOH 전극을 기반으로 했다. 이후 수소화물 기술이 개발되어 작은 부피에 수소를 효율적으로 저장하는 기술이 발전하였고, 여기에 희토류 금속을 통합하는 방법과 이를 개선하는 기술이 개발되면서 니켈수소전지 기술이 점차 발전하였다. 일반 소비자가 사용할 수 있는 등급의 셀은 1989년에 상용화되었다.

니켈수소전지는 니켈카드뮴전지를 개선한 이차전지로 양극에는 니켈 수산화물, 음극에는 카드뮴 전극을 수소저장 합금으로 대체하여 사용하고, 전해질로는 이온전도성이 최대인 수산화칼륨KOH 수용액을 활용한다. 니켈수소전지는 충전 시 음극에서 물이 전기분해되어 생성되는 수소이온이 수소저장 합금에 저장되어 환원 반응이 일어나며 양극에서는 산화 반응이 일어난다. 방전 시에는 반대로 음극에서 수소원자가 산화되어 물이 생성되며 양극에서는 환원 반응이 일어난다.

니켈수소전지의 장점으로는 리튬이온전지 대비 저렴한 가격과 급속 충전 및 방전이 가능하다는 점이다. 또한, 저온에서 우수한 특성을 유지할 수 있으며 과충전 및 과방전에 강한 것이 다른 이차전지

니켈수소전지의 원리 >>>

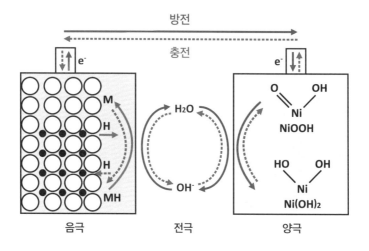

음극: 수소저장가능 금속(M) + 물(H_2O) + 전자(e-)	수소금속화합물(MH) + 수산화이온(OH^-)
양극: 수산화니켈($Ni(H)_2$) + 수산화이온(OH^-)	수산화 산화니켈(NIOOH) + 물(H_2O) + 전자(e-)

에 비해 큰 장점이다. 환경에 해로운 소재가 니켈카드뮴전지에 비하여 적다는 점도 장점으로 꼽힌다. 지나치게 방전되거나 충전돼도 성능이 크게 떨어지지 않고 특이하게 충전 용량이 줄어드는 기억효과*memory effect도 적어 휴대전화나 노트북, 핸디캠, 특히 1990년대 후반 휴대용 CD 플레이어에 널리 사용되었다. 또한, 단위 부피당 에너지밀도가 니켈카드뮴전지와 비교했을 때 두 배에 가까워 고용량으로 제작할 수 있으므로 부피당 용량이 니켈카드뮴전지보다

기억효과

방전이 충분하지 않은 상태에서 다시 충전하면 전지의 실제 용량이 줄어드는 효과로, 니켈카드뮴전지 같은 이차전지는 부분적으로 방전되거나 혹은 사용하면서 재충전하는 경우 최초의 용량이 떨어져 실제 사용할 수 있는 시간이 점차 줄어든다. 이를 기억효과라고 한다.

최초의 하이브리드 자동차, 도요타 프리우스 >>>　　　출처: 도요타코리아 홈페이지

1.5~2배 크다. 그래서 초창기 전기자동차나 하이브리드 자동차에 두루 쓰였다.

1990년대 중반까지 니켈카드뮴과 니켈수소전지 시장을 지배한 국가는 일본이었다. 1990년대 일본의 글로벌 시장점유율은 70%였고, 세계 최초의 혼합형 자동차 도요타 프리우스가 니켈수소전지를 사용하기도 했다. 지금도 일부 일본산 하이브리드 자동차에는 니켈수소전지가 적용되고 있다. 하지만 니켈수소전지에도 장점만 있는 것이 아니었다. 우선 기억효과가 니켈카드뮴전지보다 적기는 하지만 전혀 없는 것은 아니어서 완전히 방전하고 충전하지 않으면 용량이 줄어든다는 자가 방전*의 단점이 있다. 특히 오래 사용하지 않을 경우 자연적으로 방전될 수 있다는 점은 큰 문제였다. 주행거리가 무엇보다 중요한 전기자동차에서 배터리 용량이 자연적으로 줄어든다는 건 그만큼 1회 충전 시 주행거리, 즉 일충전 주행거리가 줄어든다는 것이기 때문에 치명적인 단점이라고 할 수 있다. 그로

자가 방전

충전된 전지를 사용하지 않은 채 오랜 기간 방치하면 사용할 수 있는 용량이 점차 줄어드는 현상이다.

인해 니켈수소전지는 1991년 리튬이온전지가 출시되자 빠르게 대체되었다.

니켈카드뮴전지가 휴대용 이차전지로의 길을 열었다면, 니켈수소전지는 에너지밀도의 획기적인 향상과 동시에 다양한 모양으로의 전지 제조의 가능성을 열었다. 두 전지의 모든 특성을 만족하면서 동시에 기억효과, 자가 방전 등의 단점을 보완할 뿐만 아니라 초소형에서 중대형으로의 크기 다변화까지 가능한 타입의 이차전지가 바로 리튬이온전지이다. 리튬이온이 아닌 리튬을 활용한 이차전지는 이미 1970년대에 개발되었다. 그러나 이는 리튬 금속을 음극으로 채용하였기에 현재의 리튬이온전지와는 구별된 리튬이차전지로 구분하고 있다.

리튬이차전지는 미국 뉴욕주립대 스탠리 휘팅엄 교수가 엑손에 재직하고 있을 때인 1970년대에 처음 제안되었다. 휘팅엄은 이황화티탄을 양극으로, 금속 리튬을 음극으로 사용하였다. 이후 1980년에 라시드 야자미를 필두로 하는 그르노블 공과대학INPG과 프랑스 국립과학연구원CNRS, Centre national de la recherche scientifique 의 연구진에 의해 흑연 내에 삽입된 리튬 원소의 전기화학적 성질이 밝혀졌다. 그들은 리튬과 폴리머 전해질, 흑연으로 이루어진 반쪽 전지 구조에 대한 실험을 통하여 흑연에 리튬 원소가 가역적으로 삽입됨을 밝혀냈고, 1982년과 1983년에 해당 연구 내용을 발표하였다. 리튬이온이 흑연 내 가역적 삽입에 관한 이 연구는 리튬이온전지 음극 소재의 시초가 되었다. 그럼에도 당시 개발된 리튬이차전지는 리튬 금속을 음극으로 채용하는 형태로, 현재의 리튬이온전지와는 구별된다. 리튬 금속의 화재나 폭발 위험성으로 인한 문제를 개선하기 위해 현재의 리튬이온전지는 금속의 리튬 덩어리가 아니라 리튬이온을 포함하고 있거나 받아들일 수 있는 다른 소재를 음극과 양극으로 사용하는 방향으로 개발되었다.

그 후 존 구디너프가 이끄는 연구팀이 개발한 새로운 양극으로 리튬이온이 안정적으로 삽입 및 탈리할 수 있는 층상 구조의 산화물(리튬코발트산화물)을 이용하였으며, 리튬이온전지 양극 소재의 시초가 되었다. 이후에도 다양한 종류의 양극 소재가 개발되었는데, 1983년 마이클 태커레이Michael Thackeray와 구디너프 등이 스피넬Spinel 구조를 가지는 리튬망간산화물을 양극 물질로 사용할 수 있음을 발견하였다. 리튬망간산화물은 가격이 싸고 전기 전도도와 리튬이온 전도도가 우수하며 구조적으로 안정적이기 때문에 매우 각광받았다. 리튬망간산화물은 반복해서 충·방전을 할 경우 망간 성분이 전해액으로 녹아 들어가는 문제가 있으나 조성의 변화, 표면 개질 등 다양한 방법으로 개선할 수 있다. 리튬망간산화물은 오늘날 상업적인 리튬이온전지에 사용되고 있다. 그리고 1985년에 도시바의 미즈시마 고이치와 아사히 카세이의 요시노 아키라가 흑연과 같은 코크스 성분을 이용하여 현재 쓰이는 리튬이온전지에 가까운 원형을 만들어내었다. 이를 바탕으로 1990년 말 소니의 니시 요시오西美緒는 처음으로 리튬이온전지의 개발에 성공했고, 이듬해 1991년 소니는 리튬이온전지를 대량생산하여 상용화했다.

리튬이온전지가 본격적으로 상용화되면서 기존 니켈수소전지, 니켈카드뮴전지가 적용되던 전자제품 시장을 급속히 대체하기 시작했다. 특히 리튬이온전지는 가볍고 높은 용량뿐만 아니라 기억효과도 없기에, 완전 방전 후 충전해야 했던 사용 방법에서 필요할 때

충전해서 쓰는 방식으로 바뀌어 편리성을 높일 수 있었다. 특히 리튬이온전지의 전압이 3V 이상으로 1.5V 전후였던 기존 이차전지보다 높았기에 다양한 제품에 응용이 가능했다. 리튬이온전지가 출시되고 얼마 후 개인 휴대폰 시장이 개발되면서 사용처가 명확한 새로운 시장을 개척할 수 있었다. 이후 리튬코발트옥사이드는 코발트의 가격 상승 및 양극재의 성능을 더 높이려는 목적으로 니켈이나 망간 등으로 대체되면서 용량이 급속히 상승할 수 있었고, 이에 따라 전기자동차는 물론 ESS까지 대부분의 전자제품 전력원으로 대체되었다.

리튬이온전지의 다양한 형태 >>>

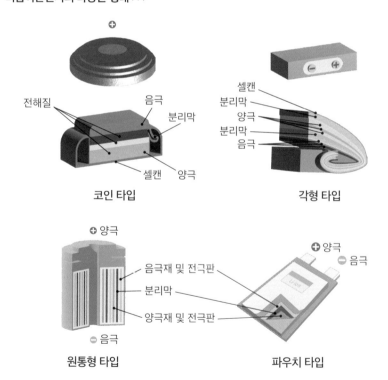

코인 타입

각형 타입

원통형 타입

파우치 타입

산업의 핵심 동력원, 리튬이온전지

일본 중심의 리튬이온전지
초기 산업 구조 개편

리튬이온전지는 1991년 일본 회사인 소니에 의해 상용화되었으나, 현재 소니는 더 이상 리튬이온전지를 생산하지 않는다. 니켈카드뮴전지나 니켈수소전지의 상용화 및 대중화도 일본이 주도하였고 리튬이온전지의 개발을 성공한 것도 일본이지만, 현재 일본의 이차전지 산업 위상은 예전만 못하다. 리튬이온전지 개발 초기인 1990년대와 2000년대 초반까지는 적용할 수 있는 전자제품이 노트북 정도였고, 이 역시 원통형 전지라는 구조적 한계로 인해 두껍고 무거운 존재로만 인식되었다. 당시 노트북은 비싸서 일부 소비자만 사용했고 대부분은 데스크톱을 사용했다. 리튬이온전지를 적용할 수 있는 전자제품 및 산업 분야가 마땅히 없었기에 대중화되는 데 오랜 시일이 걸렸다고 볼 수 있다. 그럼에도 불구하고 소니는 노트북, 방송 장비 등에 리튬이온전지를 적용하면서 2000년대 중반 산요 Sanyo가 추월하기 전까지는 세계 최대의 리튬이온전지 생산 기업이었다. 그러다가 2006년 소니의 이차전지 리콜 사태로 세계 4위권까지 추락하였다. 소니는 자사의 리튬이온전지에 대한 발화 및 폭발 사고 원인으로 중대한 결함이 있음을 인정하고 애플, 델, 레노버 등에 납품한 960만 개의 배터리를 리콜하였다. 이로 인해 510억 엔의 잠재적 손실이 발생한 소니는 이후 소니 그룹의 소니 모토미야(CRT의 전자총 등을 제조), 소니 토치기(비디오테이프, 플렉서블 기판 등을 제조)와의 합병을 거쳐 현재는 소규모 이차전지 개발팀을 제외한 모든 생산 시설과 인력을 무라타제작소로 넘겼다. 이렇게 소니의 위상은 점차 줄어들었다.

일본에는 소니 외에도 이차전지 대표 기업으로 산요, 파나소닉, GS유아사 등이 있다. 2010년까지는 세계 리튬이온전지 시장

소니에서 개발된 리튬이온전지 >>>

의 50% 이상을 점유한 최대의 이차전지 개발 국가였다. 산요는 니켈수소전지, 니켈카드뮴전지를 생산하는 기업이었으나 2002년 10월, 재팬 스토리지 배터리Japan Storage Battery의 자회사인 지에스-멜코텍GS-Melcotec의 지분을 51% 확보하면서 독보적인 리튬이온전지 생산 기업으로 성장하였다. 산요의 생산능력은 월 3,800만 셀 이상으로 늘어나 소니, 엠비아이MBI 등 경쟁 기업들보다 두 배가 넘는 생산능력을 확보하고 있었다. 도요타, 닛산 등에서 생산되는 하이브리드 및 전기자동차용 전지로도 적용되면서 2000년대 초반까지 세계 이차전지 시장에서 위상을 떨쳤다. 그럼에도 불구하고 리튬이온전지 적용 제품 부족과 함께 찾아온 세계 금융 위기 등을 견디지 못해 2009년 인수합병을 통해 파나소닉으로 흡수된다. 2년 뒤 파나소닉은 산요의 모든 지분을 사들이면서 완전 자회사로 만들었다. 하지만 파나소닉은 2013년 약 7,500억 엔의 적자를 기록했고, 결국 자회사 구조조정에 들어갔다. 파나소닉은 리튬이온전지 산업에서 산요와의 시너지 효과를 기대했지만, 시너지는커녕 삼성SDI와 LG화학에 밀리면서 결국 인수 전보다 시장점유율이 내려가는 굴욕을 겪었다. 이후 파나소닉은 테슬라와 합작하여 전기자동차용 이차전지 회사인 기가팩토리를 2014년 설립하면서 공격적인 투자를 한다. 2016년 테슬라의 모델3가 출시된 후, 파나소닉의 이차전지 생산량은 꾸준히 늘어 2017년에는 2조3,000억 엔의 영업이익을 남기면서 세계 1위의 전기차용 이차전지 생산 기업이 된다. 2017년 당시만 해도 현대기아, BMW 등에서 출시된 전기자동차의 일충전 주행거리가 200km 이하였기 때문에 400km 이상인 테슬라의 모델 시리즈는 독보적이었다고 할 수 있었다. 2023년 불과 5년 만에 전기자동차 시장은 재편되었고, 이제는 우리나라의 배터리 3사(LG에너지솔루션, 삼성 SDI, SK온)와 중국의 CATL 및 BYD, 일본의 파나소닉 등이 세계 시장을 선도하고 있다.

스마트폰의 대중화와 함께한
리튬이온전지

2020년대인 현재 리튬이온전지의 주요 시장은 전기자동차용 이차전지이다. 그 이전에 리튬이온전지의 주요 시장은 스마트폰, 노트북, 태블릿 등의 개인 휴대용 소형 전자제품 중심이었다. 특히 리튬이온전지가 본격적으로 대중화된 것은 스마트폰의 출시가 계기라고 볼 수 있다. 2007년 애플의 아이폰이 출시되면서 개인 휴대폰의 트렌드는 급격히 변화하기 시작했다. 당시 휴대폰 시장은 노키아, 모토로라 등의 유럽회사가 주도하고 있었으나 아이폰의 출시 이후 스마트폰을 개발하지 않은 기업들은 급격히 몰락하기 시작했다. 삼성전자도 갤럭시 S 시리즈를 2010년 출시하면서 현재 애플과 함께 세계 1, 2위를 다투는 기업으로 성장했다. 스마트폰은 디스플레이의 급격한 발전을 가져왔을 뿐만 아니라 리튬이온전지의 발전에도 큰 영향을 가져왔다. 2010년 출시된 갤럭시 S의 리튬이온전지의 용량이 1500mAh이었지만, 최근 발표된 갤럭시 S22의 리튬이온전지는 5000mAh로 비슷한 부피와 비슷한 무게에 세 배 이상의 용량을 지니도록 기술 집적도가 향상되었다. 현재 스마트폰에서 사용하는 사진 촬영, 웹서핑, 게임, 동영상 등의 어플은 이를 구동하는 전력원인 리튬이온전지의 용량이 뒷받침되었기에 가능한 것이다. 리튬이온전지의 기술 발전이 스마트폰 기술 발전을 뒷받침하는 일등 공신이라 볼 수 있다.

스마트폰의 대중화는 전 세계 리튬이온전지 시장을 뒤흔들기에 충분했다. 애플은 주로 중국의 리튬이온전지 업체인 ATL을 통해 아이폰용 리튬이온전지를 공급받았으며 갤럭시 S 시리즈는 자사인 삼성SDI를 통해 공급받았다. 전 세계적으로 아이폰과 갤럭시 S가 스마트폰 시장을 주도하면서 자연스럽게 일본의 리튬이온전지 회사는 몰락의 길을 갈 수밖에 없었다. 일본 업체들은 주로 원통형 리튬이온전지를 개발하였으나, 스마트폰은 얇고 가벼워야 하기 때문에 각형 및 파우치 타입의 리튬이온전지가 필요했다. 이를 대비하지 못한 일본 회사들은 큰 타격을 받을 수밖에 없었다. LG화학 역시 자사의 전자회사를 통해 스마트폰을 출시하여 리튬이온전지를 공급하였으나, 스마트폰 시장에서 크게 두각을 나타내지 못하고 결국 2021년 후반부 사업 철수 발표를 하였다. 2010년 중반부부터는 전 세계인이 한 개 이상의 스마트폰을 지니고 다니게 되면서 리튬이온전지가 대중화되고 시장이 폭발적으로 성장했다.

2010년대 중반부에 이르기까지는 원통형 전지의 사용처를 거의 찾지 못하고 있었다. 각형 리튬이온전지 역시 마찬가지였다. 스마트폰, 노트북 등이 배터리 내장형으로 전환이 되면서 파우치 타입 리튬이온전지가 세계 시장을 주도하였기 때문이다. 이로 인해 2013년 이후에는 각형 및 파우치 타입에 선제적 투자를 한 삼성SDI와 LG에너지솔루션의 리튬이온전지가 전 세계 시장 1, 2위로 올라섰다. 반도체와 함께 세계 시장을 주도하는 우리나라 대표 품목으로 자리잡은 것이다. 우리나라 회사가 10년 안의 빠른 시간 안에 세계 주도권을 잡은 것은 1991년 초기 상용화된 리튬이온전지의 에너지밀

리튬이온전지 에너지밀도 향상 추이 >>>

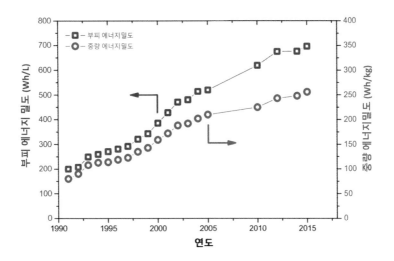

도가 98Wh/kg(220Wh/L)이었던 성능을 현재 250Wh/kg(600Wh/L) 수준으로 세 배에 가까운 기술 발전을 주도했기 때문에 가능한 시나리오였다. 원통형에서 각형 및 파우치 타입으로의 형태 변형과 에너지밀도의 향상을 위한 노력에는 니켈을 함유한 고용량 양극 소재로의 전환, 같은 부피에 실제 전기화학 반응에 참여하는 양극, 음극 활물질을 많이 넣을 수 있게 하는 고밀도화 기술 등을 포함하는 소재 기술 및 셀 제조 기술의 개발을 수반하였다.

전기자동차, 가능성에서 현실로 만든
리튬이온전지

리튬이온전지의 성능이 향상되면서 스마트폰과 노트북을 넘어선 새로운 분야로 적용 제품이 확대되었다. 막연하게 생각만 하던 스마트폰용 리튬이온전지를 직렬 혹은 병렬 연결하면 모터를 구동할 수 있고, 그렇게 되면 자동차도 휘발유나 디젤연료 없이 운전할 수 있지 않을까? 하는 생각이 전기자동차로 구현된 것이다. 전기자동차라고 하면 테슬라를 가장 먼저 떠올릴 만큼 테슬라는 테스트용 모델이 아닌 상업용 일반 모델로서의 전기 자동차를 내놓은 기업이다.

2012년 테슬라에서 개발된 전기자동차 모델S는 처음 출시되었을 때부터 일충전 주행거리가 660km에 다다라 기존 휘발류차가 한 번 주유하고 운행하는 거리와 거의 맞먹었다. 테슬라는 모델S의 주행거리 증대 기술을 개발하기 위해 전기자동차의 엔진에 해당하는 리튬이온전지의 개발에 큰 관심을 보였다. 앞서 서술한 바와 같이 2014년 파나소닉과 합작하여 기가팩토리를 설립한 것이다. 기가팩토리 설립 전에는 파나소닉의 원통형 리튬이온전지가 공급되었다. 그러나 당시 모델S 가격은 10만 달러, 약 1억2천만 원을 훌쩍 넘는 가격으로 일반 소비자가 구매하기에는 버거운 가격이었다. 개발 초기, 리튬이온전지 가격이 모델S 가격의 절반 이상을 차지했고 테슬라는 리튬이온전지 가격을 줄이지 않으면 가솔린 자동차에 맞먹는 가격경쟁력을 지니기 힘들다고 판단했다. 산술적으로 계산해도 스마트폰에 들어가는 리튬이온전지의 용량 및 가격이 13Wh, 약 3~5만 원대였다. 전기자동차는 60kWh 이상 필요하므로 스마트폰에 들어가는 리튬이온전지가 5,000개 이상 탑재되는 셈이라 할 수 있다. 전지 가격만 1억 원이 훌쩍 넘는다. 그렇기에 2010년 초반기에는 리튬이온전지의 비싼 가격 때문에 전기자동차는 팔면 팔수록 손해라는 말이 나오기도 했다. 이에 테슬라는 기가팩토리를 세워 원통형 리튬이온전지의 대량생산 라인을 구축하고, 생산 단가 절감을 통해 원통형 전지 가격을 개당 만 원 이하로 줄일 수 있었다.

현재는 테슬라를 비롯해 GM, 폭스바겐, 현대기아자동차 등에서 kWh당 약 10만 원대의 가격(2019년 폭스바겐은 약 11만 3000원으로 원가 공개)으로 줄여, 원통형 전지 개당 약 천 원의 가격으로 생산하고 있다. 10년 만에 거의 90% 이상의 원가절감을 가져온 것이다. 테슬라는 기가팩토리의 원가절감 및 에너지밀도 향상 기술을 바탕으로 5천만 원 이하의 모델3를 출시하여 2020년 한때 전기자동차 세계 시장점유율 1위를 달성하기도 하였다. 스마트폰 시장의 확대로 애물단지로 전락했던 원통형 리튬이온전지가 전기자동차를 만나 더 큰 이머징 시장으로 부각된 것이다. 만약 당시 삼성이나 LG가 스마트폰에만 역점을 두지 않았다면 어찌 되었을까 한 번쯤은 생각해보곤 한다. 삼성이나 LG의 각형이나 파우치 타입의 리튬이온전지를 테슬라가 선택했다면 어땠을까.

우리나라도 스마트폰뿐만 아니라 전기자동차용 리튬이온전지를 생산하고 있다. 2009년 LG화학이 생산한 리튬이온전지가 최초로 GM의 볼트에 탑재되었으며, 삼성도 보쉬와의 합작 회사인 SB리모티브를 설립하여 전기자동차용 리튬이온전지를 개발하였다. SK이노베이션 역시 스마트폰 등의 소형 이차전지에서는 시장점유율이 거의 없었으나 현대기아자동차에서 출시되는 레이, 아이오닉에 리튬이온전지를 공급하면서 생산 규모를 늘려갔다. 특히 LG와 SK는 둘 다 우리나라 회사임에도 불구하고 이차전지 셀 뿐만 아니라, 핵심소재인 분리막에 대한 특허권 분쟁으로 오랜 시간 소송전을 치르는 등 세계 유수의 기업들은 리튬이온전지 시장에서 세계 우위를 두고 치열한 전쟁을 치르고 있다.

테슬라의 모델 시리즈 및 탑재된 리튬이온전지 >>>

2017년 이전에는 전기자동차가 이렇게 인기가 있을 줄 예상하지 못했다. 테슬라의 모델S 시리즈는 1억 원이 넘는 가격이었고, 보조금을 받아 겨우 살 수 있는 가격대였던 1세대 전기자동차 GM 볼트와 기아의 레이는 일충전 주행거리가 불과 200km밖에 되지 않아서 세컨카 정도가 아니면 구매 욕구를 일으키지 못했다. 레이 전기자동차가 너무나 적게 팔린 탓에 도로에서 레이 전기자동차를 보면 복권을 구매해야 한다는 이야기가 나올 정도였다. 그러나 2017년 이후 상황은 급격히 달라졌다. 일충전 주행거리가 400km에 달하는 5천만 원 이하의 테슬라의 모델3, 기아의 니로, EV6, 현대의 아이오닉5는 가솔린에서 전기자동차로의 트렌드 변화를 주도했다. 최근에는 내연기관 자동차 생산 기업인 폭스바겐을 비롯한 BMW, 벤츠, 아우디는 물론이고, 벤틀리, 롤스로이스, 페라리 같은 슈퍼카 브랜드까지 전기자동차 출시 계획을 발표했다. 앞으로 이러한 전기자동차에 탑재할 리튬이온전지 생산 기업으로 선정되기 위한 전쟁은 더욱 치열해질 양상이다.

폭스바겐이 중국의 CATL을 의식한 듯 각형 리튬이온전지를 전기자동차에 탑재할 것이라는 내용을 2021년 3월 15일 발표하자 각형 및 원통형 리튬이온전지로 전기자동차에 대응하던 삼성SDI에 반해 파우치 타입 리튬이온전지 중심의 LG에너지솔루션과 SK온의 주가가 폭락한 일이 있었다. 그만큼 전기자동차용 리튬이온전지가 회사의 매출을 결정하는 중요한 시장이 된 것이다. 2030년에 내연기관 자동차 생산 중단을 선언한 회사들도 늘어가는 만큼 리튬이온전지에 저장된 전기가 연료가 되는 시대를 곧 맞이하게 될 것이다. 전기자동차의 크기는 처음 출시된 2012년부터 현재까지 큰 변화가 없다. 그러나 여기에 탑재되는 리튬이온전지의 에너지밀도는 약 200Wh/L급에서 600Wh/L급으로 증대되면서 같은 부피에 저장되는 전기에너지의 양이 늘었고, 이에 따라 일충전 주행거리가 약 200km에서 400km 이상으로 늘어났다. 전기자동차가 보다 발전하고 대중화하는 데에는 리튬이온전지의 발전이 필수불가결하다 할 수 있다.

3장

전기차 시장과 이차전지 최강자 경쟁

SECONDARY
BATTERY
REPORT

전기차 배터리의 핵심

전기차 주행거리와 배터리의 에너지밀도

전기차 구매를 고민하고 있는 사람이라면 가장 먼저 고려하는 사항이 바로 차종에 따른 보조금과 주행거리, 유지비용일 것이다. 그중 주행거리는 배터리의 용량과 밀접한 관련이 있다. 환경부에서 운영하는 〈무공해차 통합누리집〉 사이트에서 제조사별 차종을 검색해 보면, 배터리 용량별 1회 충전 주행거리가 비교적 상세히 국고보조금과 함께 안내되어 있다. 아이오닉5 AWD All-Wheel Drive 롱레인지 22인치(2022년)의 경우 72.6kWh급 리튬이온폴리머팩을 적용하였고 상온 주행거리는 370km, 저온 주행거리는 344km로 표시되어 있다. 반면, 58.0kWh급 배터리를 적용한 아이오닉5 AWD 스탠다드 19인치(2022년)의 경우 상온 주행거

2022년식 아이오닉5의 기종에 따른 배터리 용량별 주행거리 >>>

출처: 무공해차 통합누리집 www.ev.or.kr

아이오닉5 AWD 롱레인지 20인치(2022년) 현대자동차

승차인원 : 5인승
최고속도출력 : 185km/h
1회충전주행거리 :
(상온) 370km (저온) 344km
배터리 : 리튬이온폴리머(72.6kWh)
국고보조금 : 680만원
제조사번호 : 080-600-6000

아이오닉5 AWD 스탠다드 19인치(2022년) 현대자동차

승차인원 : 5인승
최고속도출력 : 185km/h
1회충전주행거리 :
(상온) 319km (저온) 280km
배터리 : 리튬이온폴리머(58.0kWh)
국고보조금 : 671만원
제조사번호 : 080-600-6000

리는 319km, 저온 주행거리는 280km로 표시되어 있다.

용량이 큰 배터리를 사용할수록 주행거리는 늘어나기 마련이지만, 전기차 전용 플랫폼 내에 배터리를 채울 수 있는 공간은 한정되어 있으므로 완성차 업체들은 기종별 운용 환경에 적합한 최적의 배터리 용량을 설계하여야 한다.

용량이 큰 배터리를 사용하는 깃 외에 주행거리를 향상시키기 위한 노력으로는 회생제동시스템 적용이 있다. 회생제동은 모터를 발전기로 사용하여 감속할 때 발생하는 운동에너지를 전기에너지로 바꾸어 배터리를 충전하는 방식이다.

전기차 주행상황별 작동방식 >>>　　　출처: 무공해차 통합누리집 www.ev.or.kr

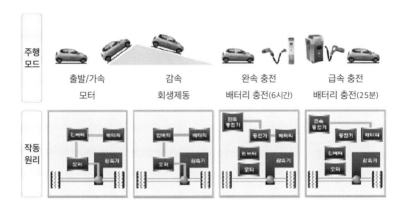

전기차들은 차종별로 회생제동*을 단계별로 조절할 수 있다. 가다서다를 반복하는 복잡한 도심 교통 구간에서는 회생제동량을 높여 감속 효과에 따른 전기에너지 발전량을 높이고, 주행이 원활한 고속주행 구간에서는 회생제동량을 낮춰 부드러운 주행을 할 수 있다.

운전자 입장에서 느끼는 실제 주행거리는 전기차 구입 시 표시된 복합주행거리보다 짧다고 느끼는 경우가 많은데, 운행 시 전기차 주행거리를 감소시키는 인자들이 많기 때문이다. 급출발과 급가속은 전기모터의 배터리 사용량을 급격히 증가시켜 주행거리를 감소시킨다. 히터나 에어컨 등의 공조장치도 배터리의 주행거리 감소에 영향이 크다. 엔진이 없으므로 순전히 배터리에서 히터나 에어컨을 동작시키는 전기를 뽑아내야 한다. 특히 추운 날씨는 주행거리

회생제동

전기자동차에서 브레이크 작동 시 구동모터를 발전기로 사용하도록 하여 자동차가 감속할 때 잃어버리는 운동에너지를 전기로 변환하고, 이렇게 변환된 전기가 자동차 배터리로 저장되도록 하는 원리이다.

감소에 결정적인 영향을 미친다. 노르웨이 자동차 연맹NAF, Norwegian Automobile Federation이 발표한 시험결과에 따르면 혹한기 전기자동차 주행거리는 차종에 따라 감소 편차가 있지만 평균 18.5% 감소했다. 이는 온도가 낮아지면서 배터리 내 리튬이온의 이동과 관련된 전기화학 반응이 느려져서 발생하는 근본적인 문제이다. 최근 출시되는 신형 전기차는 히트펌프Heat Pump, HP와 배터리 관리 시스템Battery Management System, BMS 및 충전기술의 발전으로 저온 주행거리가 상온 대비 10~15% 정도만 감소할 정도로 개선되고 있다.

전기차의 주행거리를 논할 때 배터리의 용량과 더불어 에너지밀도를 언급하지 않을 수 없다. 1회 충전 주행거리에 가장 결정적인 인자인 에너지밀도는 배터리의 단위부피 또는 단위중량당 용량 즉, 전기에너지의 저장능력이다. 부피당 에너지밀도는 전기차의 부피 및 공간 설계 시 중요하고, 중량당 에너지밀도는 공차 중량과 관련이 있다.

최초의 상용 전기차인 닛산 리프 1세대가 2010년 출시될 당시만 해도, 리튬망간산화물Lithium Manganeses Oxide, LMO라는 스피넬 구조의 양극 활물질을 적용하여 1회 충전 주행거리 120km 정도를 구현하였다. 즉, 차는 무거웠으며 고속도로 주행도 쉽지 않은 짧은 주행거리 때문에 주로 도심 구간에서 출퇴근 용도로만 활용하였다. 이때 배터리 셀의 부피당 에너지밀도가 150Wh/L, 중량당 에너지밀도 80Wh/kg 수준으로, 현재 전기차에 적용되는 배터리 셀의 30% 성도 수준이었다. 2022년 기준 배터리 성능과 전기차 주행거리는 1세대에 비해 세 배 이상 비약적으로 향상되었다.

앞서 언급한 배터리의 에너지밀도 부문에서 급격한 진보가 일

배터리 단위, 셀-모듈-팩

셀(Cell)은 전기에너지를 충전, 방전해 사용할 수 있는 이차전지의 가장 기본 단위이다. 양극재, 음극재, 분리막, 전해질 같은 소재들을 사각형 알루미늄 등의 케이스에 넣어 만든다.

모듈(Module)은 여러 개의 셀을 모은 뒤 열과 충격, 진동 등으로부터 보호하기 위해 프레임에 넣어 조립한 것이다. 주로 셀 8~12개의 셀을 모아 하나의 모듈을 이룬다. 삼성SDI가 공개한 확장형 모듈에는 최대 24개 셀이 들어가 효율적인 에너지 저장이 가능하다.

전기차에 장착되는 배터리의 최종 형태는 팩(Pack) 단위이다. 팩은 여러 개의 모듈과 배터리 관리시스템(BMS), 냉각장치, 열관리장치 같은 각종 제어시스템이 합쳐져 제조된다. 최근 이차전지는 '모듈리스' 방식으로 진화하고 있는데, 같은 팩 공간에 더 많은 배터리셀이 들어갈 수 있다. 이를 셀투팩(Cell to Pack, CTP)이라고 한다.

배터리

배터리 셀
(배터리의 최소단위)

배터리 모듈
(모듈 1개당 12~48개의 셀)

배터리 팩
(팩 1개당 8~40개의 모듈)
전기차 1대당 팩 1개 장착

어날 수 있었던 원동력은 바로 배터리 양극 내 양극 활물질 소재의 변화 때문이었다. 양극이란 캐소드Cathode라 부르고 집전체에 형성된 필름 형태의 극판으로, 양극 활물질을 포함하고 있다. 양극 활물질 내 코발트 대신 니켈 함량을 증가시키면서부터 주행거리가 획기적으로 개선되기 시작하였다. 니켈의 함량이 높아지면 소재가 불안정해진다. 표면의 니켈이 산화가 되면서 수명과 안전성에 영향을 미치기 때문이다. 그에 따라 니켈의 함량을 높이면서도 부정적인 영향을 억제하기 위한 다양한 기법들이 도입되었다. 그 결과 니켈과 다른 원료를 다양하게 조성한 양극 소재들이 채용되었는데, NCM333, NCM523, NCM622, NCM811 등이다. 리튬니켈코발트망간옥사이드 $LiNi_xCo_yMn_zO_2$ 조성의 양극 소재에서 니켈, 코발트, 망간의 조성비를 숫자로 나타낸 것이다. 즉 NCM523은 전이 금속 자리에 $Ni_{0.5}Co_{0.2}Mn_{0.3}$, 즉 니켈Ni 50%, 코발트Co 20%, 망간Mn 30% 비율로 있다는 것을 뜻한다. 니켈:코발트:망간의 비율을 1:1:1로 적용한 NCM333 양극 활물질의 경우, 중량당 에너지밀도는 140Wh/kg, 부피당 에너지밀도는 230Wh/kg을 구현하였고 이때 일충전 주행거리는 190km로 닛산 리프 1세대 대비 1.5배 이상 향상되었다. 이는 리프 1세대에서 사용하던 LMO 양극 소재에 비해 상대적으로 월등한 저장능력 때문이다.

이후 대부분의 셀 메이커에서 채택하기 시작한 NCM622(니켈 함량 60% 이상)의 적용 이후 일충전 주행거리는 NCM333 적용 대비 두 배가 늘어난 400km를 구현하게 되었다. 이때 중량당 에너지밀도는 210Wh/kg, 부피당 에너지밀도는 575Wh/L였다. 물론, 주행거리의 획기적인 향상에는 양극 활물질의 변화 외에도 양극 및 음극을 만드는 전극 제조공정의 개선 효과도 크게 작용하였다. 즉, 코팅된 전극을 압연Press 공정을 통해 더욱 납작하게 압착시킴으로써 집전체와의 밀착력 개선과 함께 전극 내 공극(작은 구멍)을 줄이고 두께를 줄임으로써 전극 내 이온이동성 및 극판밀도를 향상시켰다.

압연 전·후 극판 두께 및 이온이동 경로 감소 >>>   출처: 도레이, 구글 검색

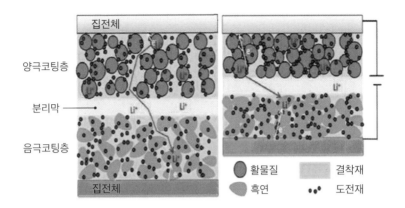

최근 출시되는 전기차는 일충전 주행거리가 450km를 상회하고 있는데, NCM811 양극 활물질(니켈 함량 80% 이상)을 적용하고 있기 때문이다. 최근에는 니켈 함량이 90%가 넘는 NCM9055 양극 활물질 소재 개발에 집중하고 있다.

NCM9055는 에너지밀도를 최대 300Wh/kg(중량), 750Wh/L(부피)까지 달성할 수 있을 것으로 예측하고 있으며, 일충전 주행거리도 550km로 NCM811 적용 대비 20% 이상 향상될 것으로 기대된다. 그러나 여전히 휘발유 1회 주유당 주행거리인 500마일(800km)에는 훨씬 못 미치고 있다. 이는 NCM 양극 활물질 소재 개발로 달성할 수 있는 리튬이온전지의 에너지밀도 향상에 한계가 있기 때문이다. 기존 양극 활물질 소재를 뛰어넘는 새로운 혁신적인 소재가 개발되기 전까지는 일충전 주행거리 400마일(643km) 달성도 현재로서는 쉽지 않을 전망이다.

상기와 같이 양극 활물질의 전기에너지 저장능력은 에너지밀도의 향상을 이끌고 결국 일충전 주행거리 연장에도 밀접하게 관련

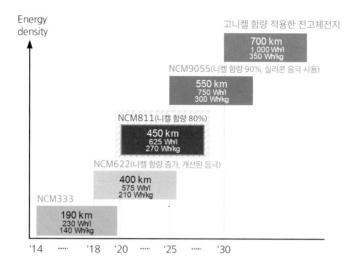

양극재별 전기차 주행거리 >>>

출처: ABAA11, IBK투자증권

Energy density

고니켈 함량 적용한 전고체전지
700 km
1,000 Wh/l
350 Wh/kg

NCM9055(니켈 함량 90%, 실리콘 음극 사용)
550 km
750 Wh/l
300 Wh/kg

NCM811(니켈 함량 80%)
450 km
625 Wh/l
270 Wh/kg

NCM622(니켈 함량 증가, 개선된 음극)
400 km
575 Wh/l
210 Wh/kg

NCM333
190 km
230 Wh/l
140 Wh/kg

'14 ····· '18 '20 ····· '25 ····· '30

되어 있다. 특히 NCM 소재는 최근 니켈 함량을 97%까지 끌어올린 결과들이 발표되고 있다. 그러나 양극 활물질 내 니켈, 코발트와 같은 특정 금속의 성능 기여에 따른 함량의 지속적인 증가는 자원의 한계라는 측면에서 고민되는 부분이다. UC버클리대학의 거브랜드 시더Gerbrand Ceder 교수의 말을 인용하면, 2000년 초반 리튬이온전지는 모바일IT 적용을 위한 소형 배터리 위주로 2GWh 정도를 생산하는 수준이었고, 현재는 전기자동차로 적용이 확대되면서 중대형 배터리를 포함하여 200GWh를 생산하고 있다. 이러한 추세를 감안하면 2028년 경에는 1TWh(기가와트(GWh)의 1000배) 이상의 배터리를 생산할 것으로 예상이 되는데, 이때 필요한 니켈 및 코발트 금속의 양은 대략 100만 톤이다. 코발트는 현재 연 12만 톤 정도 생산되고 있고, 니켈 생산량은 연 220만 톤 정도로 추산된다. 1TWh의 배터리를 생산하려면 전 세계 니켈 생산량의 약 40%를 사용하게 되는 것이다. 이렇게 특정 자원의 의존도를 높이는 방향으로 소재 개발이 진행되는 것은 매우 우려스럽다. 실제 이러한 우려가 우크라이나 전쟁이 발발하면서 현실화되었다. 니켈 가격이 폭등하면서 기존 원자재 시장의 불안정성이 극대화되었다. 이에 대해서는 4장에서 자세히 다룰 예정이다. 결국, 니켈 및 코발트 등 배터리 원자재 수급은 가까운 미래에 임계점에 다다를 것으로 예상된다. 세계 각 국의 연구진과 기업들이 NCM을 대체하기 위해 다양한 신규 활물질 소재를 개발하는 데 집중하는 이유이다.

전기차 배터리의
수명

전기차 보급이 늘어나면서 자연스럽게 전기차의 수명에도 관심이 높아졌다. 대부분의 전기차 배터리는 엔진의 수명보다 오래 지속될 수 있는 것으로 알려져 있지만 덥거나 추운 기후, 특히 영하에서의 구동 및 급속충전 조건에서는 성능과 수명이 빠르게 감소한다. 전기차 플릿 트래킹 업체인 지오탭Geotab에서 6,300대의 배터리와 전기차 이용자의 EV 데이터를 조사한 결과, 평균적으로 전기차 배터리는 매년 약 2.3%씩 주행거리가 짧아진다고 발표하였다. 즉, 5년간 200마일(320km)의 주행거리를 가진 전기차의 경우, 23마일(37km)의 주행거리를 잃는다는 것이다. 지오탭은 이 정도 속도라면 대부분의 배터리가 차량의 사용가능한 수명보다 오래갈 것으로 예상했다.

남부 캘리포니아 소재 테슬라 렌탈 서비스에서 사용되는 모델X는 33만 마일(53만km)을 운행한 후 배터리의 주행거리가 260마일

(416km)에서 200마일(320km)로 23% 감소했다. 또한, 테슬라 소유주들로부터 수집된 데이터는 15만5,000마일(24만8천km) 주행 이후 배터리 효율성이 10%가량 감소하였다. 결국 30만km를 운행할 경우, 배터리 효율성이 초기에 비해 20%가량 감소한다는 결론이다. 캘리포니아와 같이 비교적 온화한 주행 및 충전환경에서의 전기차 배터리 수명은 엔진을 능가할 수 있지만, 실제 사용환경에서는 그렇지 못하다. 변화하는 기후 환경, 반복되는 급가속과 급제동, 저온에서의 급속충전이 과도하게 반복되면 배터리의 용량 및 수명은 빠른 속도로 감소할 수밖에 없다.

배터리의 수명을 유지하려면 완방전 후 충전하기보다는 오히려 부분 방전 때마다 충전해서 사용하는 것이 유리하다. 보통 배터리는 완방전과 완충전을 반복할 때 수명이 가장 빨리 줄어든다. 이는 배터리 내 이용 가능한 에너지 저장능력을 한계 끝까지 빼내고 집어넣을 때 배터리의 성능이 손상을 가장 많이 받기 때문이다. 전기차 배터리는 완방전(SOC* 0% & DOD* 100%) 후 완충전(SOC 100% & DOD 0%)할 경우 약 800~1,000회 정도 배터리를 충방전할 수 있다고 알려져 있다. 이때 50% 사용 후(DOD 50% & SOC 50%) 완충전하면 약 5,000회로 충방전 횟수에 따른 사용 시간이 산술적으로 다섯

SOC(State of Charge, 충전심도)

용량 대비 배터리의 충전 수준. 단위는 백분율(%)로 0%는 완전히 방전된 상태(완방전), 100%는 완전히 충전된 상태(완충전)를 의미한다.

DOD(Degree of Discharge, 방전심도)

배터리의 방전 상태 수준 표시. 단위는 백분율(%)로 0%는 완전히 충전된 상태(완충전), 100%는 완전히 방전된 상태(완방전)를 의미한다.

배 가까이 늘어난다. 만약 20% 사용(SOC 80% & DOD 20%) 후 완충전하면 8,000회 정도까지 사용 시간이 늘어난다.

1회 완충전 주행거리가 500km인 전기차라면 배터리의 20%를 방전할 때(SOC 80% & DOD 20%) 100km를 운행할 수 있다. 매일 100km 이내 출퇴근 및 업무 거리를 달린 뒤 하루 1회만 충전한다고 가정하면 계산상으로 8,000일 동안 배터리 교체 없이 탈 수 있는 것이다. 즉, 이론상으로는 21년 넘게 전기차를 타더라도 배터리 교체 없이 사용할 수 있다. 하지만 앞서 언급하였듯이 완방전 상태까지 사용한 후 완충전을 반복할 경우, 배터리 수명은 크게 줄어들 수밖에 없다. 일반적으로 충전 상태(SOC)가 20%에서 80% 사이일 때 충전해주는 것이 장수명 운영을 위해서 유리하다. 또한, 장시간 운행하지 않을 경우, 완방전 또는 완충전 상태로 방치하지 않도록 주의하는 것도 배터리 수명을 연장하는 방법이다.

에너지밀도와
출력밀도

앞 장에서 설명한 배터리의 에너지밀도에 대해 구체적으로 이해를 돕고자 한다. 에너지밀도는 셀의 용량(Ah)에 공칭전압(V)을 곱한 에너지양을 셀의 중량(kg)이나 부피(L)로 나눈 값으로 나타내며, 단위 중량당 또는 부피당 저장할 수 있는 에너지의 양을 의미한다. 즉, 에너지밀도가 높다면 같은 에너지를 가지더라도 부피가 작거나 무게를 적게 만들 수 있다는 의미이다. 동일한 무게나 부피를 기준으로 하면 배터리의 용량을 높일 수 있어 주행거리를 증대시킬 수 있다. 배터리의 중량당 에너지밀도는 배터리 무게에 비해 얼마나 많은 에너지를 배터리가 포함하고 있는지를 나타내는 것으로, 일반적으로 와트시/킬로그램(Wh/kg)으로 표시된다. 배터리의 체적당 에너지밀도는 배터리 체적에 비해 얼마나 많은 에너지를 배터리가 포함하고 있는지를 표시한 것으로, 일반적으로 와트시/리터(Wh/L)로 표현된다.

에너지밀도는 전기차 주행거리를 좌우하는 요소이다. 에너지밀도가 높을수록 한 번 충전으로 주행할 수 있는 거리도 길어지므로 에너지밀도를 높이는 기술이 배터리 업계의 화두가 되고 있다. 2022년 기준 전기차 배터리의 중량당 에너지밀도는 290Wh/kg에 육박했다고 파악되며, 이는 2010년 100Wh/kg과 비교해 거의 세 배 가까이 늘어난 것이다. 전기차의 에너지밀도 현주소를 가늠해 보기 위해, 차량동력원(연료)에 따라 동일 부피에서의 에너지밀도를 우선 비교해 보았다.

다음 페이지의 그래프를 보자. 가장 높은 에너지밀도를 보이는 디젤(100%)을 기준으로 했을 때 휘발유는 87.2%, LNG는 60%의 에너지밀도를 나타내고 있다. 리튬이온전지의 경우 디젤연료에 비해 7~8%의 에너지밀도 수준이며, 니켈수소전지는 1.3% 수준으로 상대적으로 매우 낮은 에너지밀도를 나타낸다. 최근에 차세대 전지의 개발을 통해 배터리의 에너지밀도를 현재 600Wh/L 수준에서 1,000Wh/L까지 높이고자 하는 개발전략 및 로드맵들을 배터리 개발 그룹들이 속속 발표하고 있다. 하지만 이를 직용하더라노 디젤이나 휘발유의 에너지밀도와 비교하면 15%를 넘지 못할 것으로 예상되어, 근본적으로 내연기관 연료의 에너지밀도를 배터리가 따라갈 수는 없다. 이렇다 보니 주행거리를 늘리기 위해서는 배터리가

차량 동력원별 에너지밀도 비교 >>>

출처: 미국 에너지부(DOE) 자료 기반 재구성

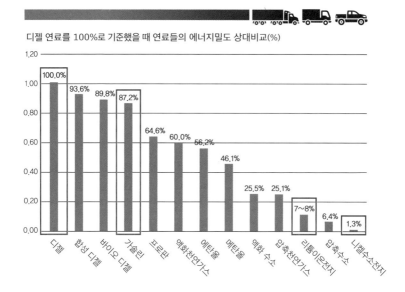

디젤 연료를 100%로 기준했을 때 연료들의 에너지밀도 상대비교(%)

많이 적용될 수밖에 없고, 디젤이나 휘발유 엔진차에 비해 공차 중량이 무거울 수밖에 없다. 그럼에도 불구하고, 지속적인 에너지밀도의 향상으로 1세대 전기차에 비해 주행거리는 획기적으로 늘고 있고 배터리 부피와 무게는 점점 감소하고 있다.

이제 배터리의 출력밀도에 대해 알아보자. 배터리의 출력은 단위시간당 뽑아낼 수 있는 에너지를 뜻한다. 즉, 출력(P)은 전류(A)와 전압(V)의 곱으로 표현된다. 전지의 출력은 주어진 전압에서 얼마나 큰 전류를 흘려줄 수 있는가에 대한 척도가 되기도 한다. 출력도 에너지밀도와 마찬가지로 단위 중량이나 부피를 기준으로 하는 출력밀도로 나타낸다.

배터리의 출력을 설명하기 위해서는 먼저, 전압과 전류에 대한 이해가 선행되어야 한다. 배터리는 충전과정에서 전기에너지를 화학에너지로 변환하여 저장하고, 화학에너지 형태로 저장된 에너지를 방전을 통해 전기에너지로 뽑아서 사용하는 저장장치이다. 외부 도선으로는 전자가 흐르고 전하의 균형을 맞추기 위해 배터리 내부에서는 이온이 이동하여 전기에너지를 만드는데, 이때 전류의 흐름을 빠르게 하거나 느리게 하여 전류의 세기를 결정하는 인자가 전압이다. 배터리 전압이 높을수록 전류의 크기가 세져 배터리의 출력이 높아진다. 배터리의 출력이 높아지면 짧은 시간 내에 강한 힘을 발휘할 수 있다. 특히 전기차에서 출력은 등판 주행, 고속 주행, 가속 주행과 충전시간 단축에 결정적인 인자라 할 수 있다.

그러나 전기차에서 에너지밀도와 출력밀도는 서로 상충관계에 있다. 다음 페이지의 그림은 두 성능축에 대한 역설을 명확히 보여준다. 라곤 플롯Ragone Plot은 배터리를 포함한 다양한 에너지 저장장치의 에너지밀도와 출력밀도를 비교하기 위해 사용되는 도면이다. 중량당 에너지밀도와 중량당 출력밀도값의 상관관계를 나타내어 배터리의 성능을 비교하는 데 처음 사용되었다. 가로축은 에너지밀도, 세로축은 출력밀도를 표시한다. 그림에서 보는 바와 같이, 에너지밀도가 커질수록 출력밀도는 감소함을 알 수 있다. 출력밀도가 10,000W/kg 이상으로 극단적으로 큰 슈퍼커패시터Supercapacitor의 경우, 에너지밀도가 10Wh/kg을 넘지 못한다. 저장된 전기에너지를 빠르게 꺼내려면 저장된 양이 많지 않아야 함을 쉽게 이해할 수 있다. 반면 리튬이온전지는 에너지밀도가 200Wh/kg을 상회하나 출력밀도는 10W/kg을 넘지 못하고 있다. 마치 욕조에 가득 찬 물을 순간적으로 모두 빼내기는 쉽지 않은 것과 같은 이치이다.

실제로 배터리의 에너지밀도를 높이기 위해서는 전극* 내 전극

다양한 배터리들의 에너지밀도(Wh/kg)와 출력밀도(W/kg) 간의 상관관계를 보여주는
라곤 플롯 >>>
출처: 기계공학회 파트 D: 자동차 공학 저널 227(5):761-776)

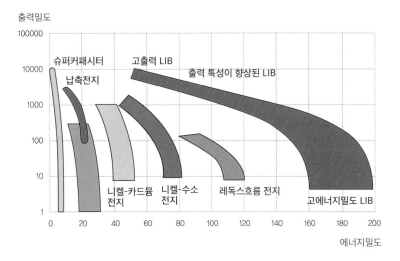

활물질의 함량을 최대한 높여서 전극밀도를 올려야 한다. 또한 전극의 두께도 더 두꺼워져야 한다. 이에 반해 출력밀도를 높이기 위해서는 이온이 전극 활물질 구조 내로 들어가고 빠져나오는 속도가 빠른 고출력용 전극 활물질 소재부터 다시 적용해야 하고, 전극 내 전극 활물질의 함량은 오히려 낮추고 전극을 더 얇게 제조해야 한다. 여기에 전자의 이동을 원활하게 유도하는 도전재의 함량을 추가로 늘리기도 한다. 출력밀도를 높이기 위해서는 에너지밀도의 상당한 감소를 감수해야만 한다.

전극

양극 및 음극을 통틀어 지칭. 양극(Cathode)은 양극 활물질+도전재+바인더로 구성되며, 슬러리 상태로 알루미늄 집전체 상에 코팅하여 압연 후 제작한다. 음극(Anode)은 주로 음극 활물질+바인더로만 구성되며, 슬러리 상태로 구리 집전에 상에 코팅하여 압연 후 제작한다.

이에 에너지밀도와 출력밀도를 동시에 높이기 위한 연구가 필요하고 두 조건을 동시에 만족하는 배터리 및 전극 설계 기술이 관건이 된다. 여기에는 극판의 다공도를 조절하거나 분리막의 두께 및 이온의 이동도를 조절하는 등 다양한 공정 및 제조기술의 접목이 뒷받침되어야 한다. 현재까지는 에너지밀도와 출력밀도를 동시에 높일 수 있는 방법을 찾기가 쉽지 않아 전기차용 배터리의 성능 업그레이드는 매우 도전적인 상황에 직면해 있다.

원재료 가격 상승 압박에 따른 배터리 가격

전기차 전체 생산원가 가운데 배터리가 차지하는 비중은 40% 정도이다. 배터리는 공차중량에서 차지하는 무게 못지않게 가격에 있어서도 그 비중이 엔진 차량에 비해 높다. 따라서 전기차 판매량 확대와 보급을 위해서는 배터리 가격 인하가 선결되어야 한다. SNE리서치의 자료에 따르면, 2018년 1킬로와트시(kWh)당 188달러였던 전기차용 배터리 가격은 2021년 130달러 수준으로 낮아졌다. 2030년에는 70달러 이하로 떨어져 61달러 수준이 될 것이라는 전망이다. 배터리 가격은 수요 확대에 따라 2010년부터 2019년까지 8분의 1 수준으로 낮아졌다. 향후 지속적인 수요증가와 기술개발, 제조 비용의 감소로 가격 하락세가 이어질 것이라 관측된다. 또 다른 배터리 가격 전망자료를 살펴보자. 블룸버그 뉴에너지 파이낸스Bloomberg New Energy Finance, BNEF의 〈신에너지 전망 2020〉 보고서에 따르면 전 세계적으로 전기차 가격은 늦어도 10년 이내에 내연기관차와 비슷한 수준까지 내려갈 것으로 예상된다.

한국의 전기차 종류별 가격경쟁력 보유 시점은 SUV가 2023년으로 가장 빠르다. 이어 중형차가 2024년, 소형·대형차는 2026년으로 예상되었다. 미국의 경우 중형 전기차 가격에서 배터리가 차지하는 비중이 2020년 28%에서 2030년 14%로 감소할 것으로 예상하고 있다.

그러나 배터리 가격의 하락세에 제동이 걸렸다. 전기차 배터리 가격이 10년 만에 다시 오르고 있기 때문이다. 국내 배터리 완제품 업체는 2021년 12월부로 완성차업체에 공급하는 배터리 가격을 2% 안팎 인상하였다. 전기차 시장이 생겨난 이래 생산량 확대로 매년 내려가던 가격이 오른 것은 극히 이례적이다. 폭발적인 수요에 배터리 원자재 가격이 오른 여파가 생각보다 컸다. 실제로 배터리의 핵심 원재료인 리튬·코발트·니켈 등의 가격도 폭등세로 돌아섰다. 2021년 배터리 가격 인상분은 2022년 차량 가격에 반영된다. 최근 공급 부족으로 가격이 치솟고 있는 차량용 반도체 영향까지 겹치면서 전기차 가격 인상 압박이 가중될 것으로 전망된다.

블룸버그 뉴에너지 파이낸스는 2021년 보고서를 통해 2022년 배터리 가격이 kWh당 135달러로 2021년보다 2.3% 상승할 것으

국가별 전기차의 가격경쟁력 보유시점 >>>

구분	미국	유럽	중국	일본	한국	호주
소형	2024년	2027년	2026년	2030년 이후	2026년	2024년
중형	2024년	2023년	2023년	2029년	2024년	2024년
대형	2022년	2022년	2027년	2027년	2026년	2022년
SUV	2022년	2024년	2029년	2025년	2023년	2022년

로 전망했다. 세계 전기차 수요는 2020년 약 300만 대에서 2021년 410~420만 대를 돌파한 것으로 파악되기 때문에, 규모의 경제 실현으로 배터리 가격이 하락하는 게 정상이다. 그러나 오히려 가격이 10년 만에 다시 상승하는 상황이 빚어졌다. 글로벌 투자은행인 골드만삭스는 세계 전기차 수요 증가로 인한 핵심 배터리 소재의 가격 상승으로 전기차용 배터리 가격이 약 18% 상승할 것이라는 전망까지 내놓았다. 그 근거는 배터리의 핵심 소재인 리튬과 코발트 가격은 이미 두 배가 올랐고 니켈은 약 60% 가까이 상승할 것이 예상되기 때문이다. 특히 니켈 가격이 톤당 5만 달러를 찍으면 전기차 1대당 1,250~1,500달러의 추가 부담이 발생할 것으로 예상된다. 원자재 가격이 오르면 배터리 소재-배터리-완성차 간 상승분 부담을 공급 가격연동제를 통해 구매자로부터 보전받는다. 반면에 최종 수요처인 완성차 업체는 인상분 보전 대상이 소비자이기 때문에, 완성차 업체가 수익을 보존하려면 전기차 가격을 올릴 수밖에 없다. 또한,

전기차용 배터리팩 가격 추이 >>> 출처: 블룸버그 뉴에너지 파이낸스

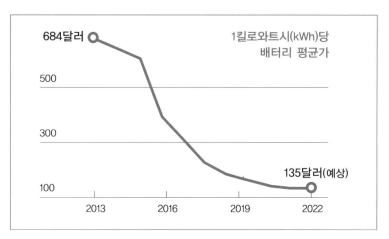

반도체 품귀현상의 장기화로 마이크로컨트롤유닛MCU 등 차량용 반도체 가격이 가파르게 올라 완성차 가격의 인상을 더욱 부채질하고 있다.

배터리 생산원가에서 소재가 차지하는 비중은 약 63%이다. 그중에서 양극 활물질이 52%를 차지하여 가장 높고, 음극 활물질 14%, 분리막 16%, 전해액 8% 순이다. 현재 고성능 전기차에는 니켈의 비중이 높은 '하이니켈' 양극 활물질인 NCM, NCA의 비중이 계속 높아지는 추세이다. 니켈 비중을 높일수록 에너지밀도가 높아져 전기차 주행거리를 늘리는 중요한 역할을 하기 때문이다. 니켈은 양극 활물질의 핵심 원료이다. 코발트와 더불어 니켈의 사용량은 지속적으로 증가할 것으로 예상된다. 그러나 니켈 현물 가격은 2021년부터 급등하였다. 2021년 코발트 가격 또한 폭등하였고, 알루미늄과 망간도 덩달아 가격이 상승하였다. 한국자원정보서비스 통계에 따르면 희소 금속에 속하는 코발트의 국제거래 가격은 2020년 7월 14일 톤당 2만8,500달러였지만 1년 후인 2021년 7월에 77%나 폭등하였다. 2022년 3월 초에는 5만2,790달러로 2019년 이후 최고치를 기록하기도 했다. 1년 새 니켈은 39%, 망간 31%, 알루미늄도 51% 급등하였다. 특히 코발트 가격 상승폭이 유독 크다.

양극 활물질의 주요 원료인 니켈, 코발트, 망간, 알루미늄 원재료 값이 등락을 반복하면서도 최근 1년 새 꾸준히 오르고 있다. 이 가운데 코발트 가격 상승률이 가장 높다. 양극 활물질 내에서 20%가량을 구성하는 코발트는 배터리 제품의 안전성과 수명을 향상시키는 역할을 하지만, 가격 변동이 특히 심하다. 가격 절대치 역시 톤당 5만 달러대로 1만 달러대인 니켈과 2,000달러대인 알루미늄, 1,000

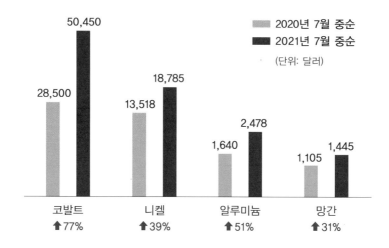

전기차 배터리 양극재 4대 원료 가격 상승 추이 >>> 출처: 한국자원정보서비스 통계

- 2020년 7월 중순
- 2021년 7월 중순

(단위: 달러)

코발트	니켈	알루미늄	망간
28,500 / 50,450	13,518 / 18,785	1,640 / 2,478	1,105 / 1,445
↑77%	↑39%	↑51%	↑31%

달러대인 망간보다 월등히 비싸다.

이에 배터리 제조 기업 및 소재·부품 업체들은 양극 활물질 원료의 안정적인 확보를 위해 혈안이다. 수주 시점에 맞춰 제때 배터리를 공급하기 위해서는 충분한 원자재 확보가 관건이기 때문이다. SK온은 코발트 생산 세계 1위 스위스 글렌코어Glencore와 2025년까지 코발트 3만 톤을 구매하는 계약을 맺었다. 이는 전기차 300만 대 분 배터리를 생산할 수 있는 양이다. 2021년 9월에는 국내 1위 하이니켈 양극재 제조사인 에코프로비엠과 10조 원 규모의 양극재 구매계약을 체결하였다. LG에너지솔루션은 중국 그레이트 파워 Great Power에 약 350억 원을 투자, 지분 4.8%를 인수했다. 2023년부터 6년간 니켈 총 2만 톤을 안정적으로 공급받게 된다. LG에너지솔루션은 2021년 8월 호주 오스트레일리안 마인스Australian Mines와 니켈과 코발트 장기 구매계약을 체결해 2024년 하반기부터 6년간 니

켈 7만1,000톤과 코발트 7,000톤을 공급받게 된다.

여기서 잠깐!

코발트 생산의 숨은 비극

코발트는 세계 매장량의 70%가량이 아프리카 콩고에 집중돼 있어 현지 불안한 정국 등의 영향으로 가격이 항상 불안정하고 변동이 큰 대표적인 원재료이다. 특히 콩고의 코발트 광산은 어린이 노동 착취와 인권 침해 등 최악의 노동 환경으로 악명이 높다.

아동들은 하루 12시간 이상 수작업으로 코발트를 채취한 뒤 고작 1~2달러를 받고 판매해 가족을 부양한다. 코발트 채굴에는 10세 이하 어린이까지 동원되는데 이들은 기본적인 안전 장비조차 제공받지 못하고 있다. 이는 깨끗한 미래산업으로 인식되는 친환경 전기차의 숨은 비극이 아닐 수 없다. 코발트 공급선을 다변화하거나 대체 광물을 모색해야 할 또 다른 이유가 바로 여기에 있다. 최근 전기차 및 배터리 제조업체들이 전기차용 배터리 주요 재료인 코발트 가격 상승 및 인권·노동력 착취 원자재라는 인식에 부담을 느껴 코발트 의존도 줄이기 경쟁에 나서고 있다. 미래 전기차의 대중화를 위해서는 제품가격을 낮춰야 하는데 이에 반드시 필요한 전략이기도 하다. 업계에 따르면 일부 완성차 업체가 배터리 양극재의 주요 원료인 코발트를 아예 빼거나 망간이나 인산철 등 대체재 비중을 높이는 방식으로 코발트를 줄여가고 있다.

배터리 안전성을 높이기 위한 노력

계속되는 전기차 배터리
화재 사고와 원인

전기차 배터리의 불편한 진실 중 하나인 배터리 화재 사고에 대해 언급할 필요가 있다. 해외는 물론이고 국내에서도 전기차 화재 소식이 종종 들려온다. 현대자동차 코나 전기차 화재 사고에서는 배터리를 포함한 전기차의 주요 부위가 전소되었다. 공동조사위원회의 발표와는 달리 분리막 손상을 100% 화재 원인으로 단정하기에는 다소 무리가 있어 보인다. 실제로 분리막을 다양한 형태로 훼손한 뒤 충·방전을 수백 번 반복하는 재연실험을 현대자동차와 공동으로 시행했지만 화재로 이어지지 않았기 때문이다. 그러면 도대체 무엇이 화재 원인일까? 배터리 관리 시스템Battery Management System, BMS*의 냉각 시스템과 각종 제어장치의 오류로 인한 열관리 문제일까? BMS는 수많은 배터리 셀의 온도, 충전상태, 전압 등을 감시·관리하는 역할을 한다. 사람으로 치면 뇌에 해당한다고 볼 수 있는데, BMS의 관리가 소홀해도 배터리는 쉽게 열에 취약해질 수 있다. 전기차 배터리는 어떻게 구성되었길래 화재 사고가 이어지는 것일까. 먼저 배터리 자체의 구성을 살펴보자.

전기차 배터리에 적용된 리튬이온전지는 기존 수용액 기반 전해액을 사용하던 자동차용 납축전지와는 달리 가연성 유기용매를 사용하고 있다. 이유는 전해질로 사용되는 리튬염이 특정 유기용매에서만 용해되어 리튬이온$_{Li^+}$ 형태로 존재할 수 있기 때문이다. 이러한 가연성 유기용매를 적용한 액체전해질을 통해서 서로 반대 전극으로 이동하면서 반복적으로 리튬이온이 삽입/탈리되는 메커니즘에 의해 배터리가 작동한다.

현재로는 최적의 성능을 내기 위해 가연성의 액체전해질을 사용할 수밖에 없다. 대신, 여기에 안전성을 향상시킬 수 있는 다양한 첨가제*들을 혼합하여 배터리 셀 레벨에서의 안전성 확보방안을 별도로 적용하였지만, 셀이 외부적인 요인으로 충격을 받아 단락이 발생하거나 갑작스러운 배터리의 온도상승에 따른 전해액의 분해로 유발된 폭발 및 발화를 근본적으로 막는 것은 불가능하다. 배터

배터리 관리 시스템(BMS)

EV나 ESS에 탑재된 배터리의 전류, 전압, 온도 등을 센서를 통해 측정하고 미리 파악하여 배터리(셀-모듈-팩)가 최적의 성능을 발휘할 수 있도록 제어(① 배터리 시스템 내 측정한 전압, 전류, 온도 모니터링, ② 셀 간 전압편차 밸런싱, ③ 과충전, 과방전, 과전류 제어)하는 시스템

첨가제

전지의 성능을 보완하고 양극 및 음극 각각의 안전성과 성능을 향상시키기 위해 액체전해질에 소량 첨가하는 기능성 물질

액체전해질 기반 리튬이온전지의 작동 원리 >>>

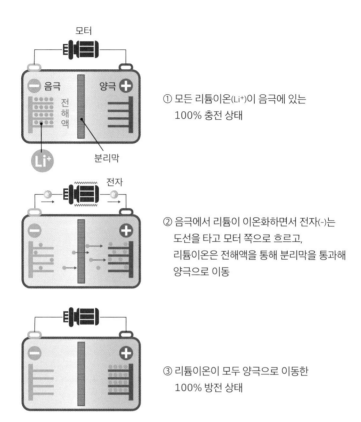

① 모든 리튬이온(Li⁺)이 음극에 있는
100% 충전 상태

② 음극에서 리튬이 이온화하면서 전자(-)는
도선을 타고 모터 쪽으로 흐르고,
리튬이온은 전해액을 통해 분리막을 통과해
양극으로 이동

③ 리튬이온이 모두 양극으로 이동한
100% 방전 상태

리는 애초에 잘못 제조되어 발화의 원인이 되어 화재가 발생할 수
도 있지만, 물리적 또는 전기적인 외부요인에 의해 화재가 시작되
는 발화점으로도 작용할 수 있다.

다음 페이지의 그림은 셀 내 온도에 따른 배터리 발화 및 열폭주
과정을 단계별로 나타낸 것이다. 셀 내부 온도가 60℃를 상회하여
장시간 노출되면 음극 표면의 얇은 고체막층Solid Electrolyte Interface Layer,
SEI층* 분해가 먼저 일어나고, 이후 전해액의 분해반응을 통한 가스

배터리 셀의 열폭주(Thermal Runaway) 메커니즘 >>> 출처: Nano Energy 55 (2019) 93-114

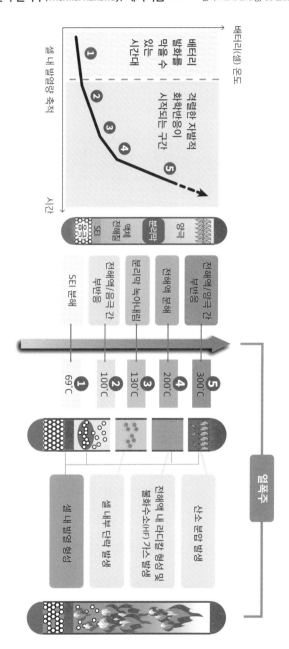

발생으로 인해 셀이 부풀어 오른다. 셀 내부 온도가 130℃ 이상 상승하기 시작하면 분리막의 용융에 의한 단락이 발생하면서 발화가 진행된다. 분리막의 단락 이후 급격한 온도상승이 야기되어 셀 온도가 200℃를 넘게 되면서부터 양극 활물질의 분해로 인한 다량의 산소분압이 발생한다. 발생된 산소는 발화를 촉진하여 이후 급격한 열폭주Thermal Runaway 상태에 이르게 된다. 또한, 충방전을 반복하는 과정에서 음극 표면에 리튬 금속이 뾰족한 나뭇가지 모양으로 들러붙는 덴드라이트가 생성되는 과정에서도 단락에 의한 발화가 일어날 수 있다.

발화점으로 작용한 셀들은 인접 셀들로 연쇄적으로 발화를 유도한다. 리튬이 삽입된 흑연음극은 리튬포일과 거의 유사한 반응성을 지니기 때문에, 일단 발화가 일어난 셀들은 전소될 때까지 진화가 거의 불가능하다. 만약 물을 끼얹어 진화를 시도하면 어떤 현상이 나타날까? 발화한 리튬이온전지에 물을 직접 뿌리면 꺼질 듯하다가도 화염이 다시 살아나고 지속적으로 흰 연기를 분출한다. 이때 분출되는 흰 연기는 불화수소HF 가스이다. 불산용액을 제조하는 원료가스로, 배터리 내 액체전해질에 용해되어 있는 리튬염의 음이온[PF6]⁻이 물과 반응하여 발생한다.

앞서 언급한 바와 같이, 배터리에 한번 난 불은 좀처럼 꺼지지 않는다. 일반 소화기로 진화가 안 되는 건 물론이고, 완벽하게 산소를 차단하지 않는 이상 자발적인 화학반응이 계속 일어나기 때문에 불

SEI층

충전 시 전해액 내 VC 첨가제의 화학적 부반응으로 전극 표면에 형성되는 얇은 고체막이다. 이후 전해액과 전극 간의 추가적인 부반응을 억제하여 수명 특성을 향상시키는 역할을 한다.

전기차 화재진압 시험 현장(2022년 4월 7일, 부산광역시 금정구) >>>　　　출처: 주식회사 에이엔

씨가 다시 살아난다. 질식 덮개를 이용한 산소 차단으로는 진화 가능성은 없다고 알려져 있다. 현재로는 불화수소 가스의 발생을 감수하고라도 엄청난 양의 물을 오랜 시간 뿌려야만 진화할 수 있다.

2021년 4월 17일 미국 텍사스주 휴스턴 외곽에서 발생한 테슬라 모델S 차량의 충돌 후 화재 당시 소방관들은 진화에 애를 먹었다. 불이 꺼진 듯하다가도 검게 그을린 차체의 바닥 부분에서 계속 불꽃이 튀면서 화염이 번졌기 때문이다. 소방관 8명이 전기차의 불을 끄는 데만 7시간이 걸렸고 2만8,000갤런의 물을 쏟아부어야 했다. 일반 내연기관차의 불을 끄는데 보통 300갤런의 물이 소요되는데, 전기차 화재를 진압하기 위해 약 100배에 달하는 물을 쓴 셈이다. 이곳 소방서 전체가 한 달에 사용하는 양과 같고 미국 평균적인 가정의 2년치 사용량이다.

이와 관련하여 미국 NBC는 전기차의 인기가 치솟고 있지만 화재에 대처할 수 있는 장비는 충분히 갖춰지지 않았다고 언급하면

서, 미국 전역 대부분의 소방관이 전기차 화재 진압에 대한 구체적인 훈련을 받지 못했다고 지적했다. 2020년 말 미 국가교통안전위원회NTSB가 발표한 보고서는 전기차 배터리에서 전류 차단 메커니즘이 심각한 충돌사고 시에 종종 손상된다고 지적하기도 했다. 또 대부분의 전기차 제조사의 비상상황 대처 지침에서 리튬이온전지 화재 진압에 필요한 구체적인 방법에 대한 설명이 부족하고 소방관의 이해도도 떨어진다고 설명했다. 한국의 경우에도 2020년 12월 서울 한 아파트단지 지하주차장에서 테슬라 모델X 전기차가 벽면을 들이받은 뒤 불이 났는데, 배터리가 다 탈 때까지 연기와 불꽃이 20~30분 간격으로 발생하면서 진화에만 총 5시간이 걸렸다.

전 세계가 탄소중립 등 친환경 기조를 강조하면서 양산이 쉬운 리튬이온 배터리에 대한 수요가 늘어나고 있지만 호주 뉴캐슬대학 폴 크리스텐센Paul Christensen 교수의 미국 CNBC 인터뷰에 따르면, 전 세계적으로 아직 배터리 화재에 대처하는 최선의 방법이 무엇인지에 대한 명확한 답을 얻지 못하고 있다. 지구 환경을 위한 탈탄소에는 리튬이온전지가 반드시 필요하지만 현재까지는 그 위험성을 모두 파악하지 못한 상태이다. 그러나 한편으로 소재의 개선, 셀 설계의 개선, 모듈 및 팩 레벨에서의 안전성 확보 등 다양한 방법으로 안전성이 점점 향상되고 있으며, 머지 않은 미래에 비록 화재가 발생하더라도 인사 사고는 막을 수 있는 기술로 발전할 가능성이 높으나, 일반 소비자가 요구하는 전혀 불이 나지 않는 배터리로의 발전은 다른 각도로 봐야 할 수도 있다.

때문에 전고체전지 등 차세대 배터리가 나와서 상용화될 때까지는 전기차 화재가 늘어날 것이라는 조심스러운 예상도 있다. 한편으로는 시장에 나온지 약 150년이 된 내연기관 자동차의 화재 발생률이 전기자동차보다 높다는 것은 자동차 화재를 막는 것이 상당히 어려운 기술이라는 것을 시사하고 있다.

안전하고 저렴한
리튬인산철전지의 대두

전기차의 연이은 화재로 인해 안전성이 높다고 알려진 리튬인산철LFP, LiFePO₄전지(흔히 LFP 배터리로 사용됨)에 대한 관심이 증가하고 있다.

2010년 한국의 AD모터스가 체인지라는 저속전기차에 리튬인산철전지를 탑재한 적이 있었으나 시선을 끌지 못했다. 그러다 2018년 코오롱오토플랫폼의 전기지게차에 BYD의 리튬인산철전지가 탑재되면서 알려지기 시작했다. 이 시장은 중국 BYD와 CATL 등이 주도하고 있으나 국내에서도 LG에너지솔루션과 SK온이 개발에 착수했다.

리튬인산철전지(LFP 배터리)는 통상적으로 많이 사용되고 있는 니켈코발트망간NCM 리튬이온전지와 비교해 항속거리는 짧지만, 더 저렴하고 안전하다고 인식되고 있다. 하지만 리튬인산철전지 역시 발화 및 폭발 사고가 일어나고 있다. BYD에서는 리튬인산철전지의 낮은 에너지밀도를 블레이드 배터리*를 개발해 단점을 보완하고 있다. 배터리팩에서는 공간 활용도가 기존 리튬인산철 블록형 배

블레이드 배터리(Blade battery)

중국 BYD가 리튬인산철 단전지를 칼날처럼 직사각형으로 길게 밀들어 이를 모듈화 과정을 거치지 않고 배터리팩에 직접 조립하여(CTP) 배터리가 차지하는 공간을 크게 줄인 배터리 형태

중국 CATL의 LFP 배터리 >>>

터리보다 50% 이상 높다고 한다. 발화 가능성이 낮다는 점도 장점으로 내세우고 있다. LFP 배터리는 온도가 500°C에 도달해도 안정적으로 유지되는 반면 NCM 리튬이온전지는 약 200°C에서 화학반응을 일으킨다고 설명하고 있다. 이런 장점을 살리기 위해 BYD와 CATL을 비롯한 배터리 제조업체와 공급 업체는 LFP 배터리 개발에 적극적이다. CATL은 LFP 소재업체인 선전 다이나노익Shezhen Dynanoic과 18억 위안의 계약을 체결했으며 후아위안 티타늄 다이옥사이드는 연간 50톤의 LFP 재료를 생산할 수 있는 설비 구축을 위해 121억 위안을 투자하기로 했다.

2020년 중국 시장 LFP 배터리의 설치 용량은 총 2만4,383MWh로 2019년 대비 20.6% 증가했다. 이로 인해 LFP 배터리의 점유율은 중국 배터리 시장에서 약 39%까지 증가했나. 테슬라도 중국산 모델에 LFP 배터리를 탑재하고 있으며 최근에는 폭스바겐과 포드에 이어 메르세데스 벤츠도 EQS를 비롯해 다양한 전기차에 탑재한다고 밝혀 시장이 확대되고 있다. 고성능 모델인 메르세데스AMG를 제외한 중저가 모델에 CATL의 LFP 배터리 탑재를 확대하는 상황이다. 현대자동차도 BYD의 블레이드 배터리를 채택하기로 하였다.

테슬라의 일론 머스크는 표준 범위 전기 및 가정용 저장 배터리는 LFP로 전환될 것이라고 말하기도 했다. 골드만삭스도 LFP 시스템의 중요성이 커지리라 전망하여 2030년경에는 전기차용 배터리의 20~40%를 차지할 것이라는 예상이 지배적이다.

LFP 시스템은 주로 중국 배터리 제조업체가 취급하고 있으며 저가 제품이라는 인상이 강하다. 일본과 한국의 배터리 제조업체가 개발한 NCM(니켈, 코발트, 망간) 및 NCA(니켈, 코발트, 알루미늄) 시스템보다 약 20% 낮은 비용이 든다. 에너지밀도를 강조하는 전기차용 배터리로서 LFP 시스템은 결국 NCM 시스템과 NCA 시스템의 일부를 대체할 수 있을 것이라고 기대하고 있다. 리튬인산철전지를 탑재해 가장 인기를 끌고 있는 것이 상하이GM울링의 홍구앙 미니 EV이다. 2만8,800위안(약 500만 원)의 저가 모델로 테슬라를 제치고 70만 대 이상 판매되며 중국 시장 1위를 차지하고 있다.

안전성 향상을 위한
차세대 배터리 전쟁

전기차 배터리 개발은 전기자동차 산업은 물론 지구 온난화를 막기 위한 2050 탄소중립 목표 달성을 위해 가장 최적의 방법이다. 한국도 2020년 7월 확정한 '그린 뉴딜' 정책을 통해 전기차 등 그린 모빌리티 보급 확대를 가장 중요한 목표로 선정했다. 현재 상용화된 리튬이온전지 부문에서는 세계 최고 기술을 자랑하고 있지만 전고체전지 등 차세대 배터리 개발을 위한 연구

분야에선 미국 및 일본 등 경쟁 국가들에 다소 밀리는 형국이다. 적극적인 정부의 지원과 연구 활성화를 통해 원천 및 핵심기술을 조기 확보할 필요성이 높다.

2020년 5월 13일 이재용 삼성전자 부회장과 정의선 현대차 수석부회장이 차세대 배터리로 주목받는 전고체전지 기술 현황을 공유한 일이 알려지며 화제가 됐다. 재계 1, 2위 기업이 미래 산업을 이끌 핵심인 배터리 개발에 손을 잡은 신호탄처럼 보여졌기 때문이다. 실제로 국내 배터리 업계는 전고체전지를 유력한 차세대 기술로 꼽고 있다. 전고체전지는 불연성의 고체상태 전해질을 사용하기 때문에 배터리의 폭발 위험에서 자유롭고 환경 변화에도 강하다. 또한, 기존 리튬이온전지는 단전지 여러 개를 직병렬로 연결해야 에너지밀도가 높아지기 때문에 공간이 많이 필요하다. 전고체전지는 양·음극 양면 전극들 사이에 고체전해질을 삽입하여 적층하여 고전압의 단전지를 구성할 수 있기 때문에 부피가 대폭 줄어들 수 있어서 에너지밀도의 향상에 유리하다.

차세대 배터리의 핵심인
전고체전지 기술 경쟁

전고체전지는 여러 장점에도 불구하고 리튬이온전지에 비해 상용화에 이르지 못하고 있다. 전고체전지의 개념은 1980년대 처음 제시됐으나 빛을 보지 못했다가 일본 도요타가 2010년 황화물 고체전해질을 사용한 배터리 시제품을 공개한 뒤로 연구가 급속도로 발전하였다. 현재는 고체전해질 소재로 황화물 외에도 산화물 고체전해질, 고분자 기반 전고체 및 반고체전해질들이 연구되고 있으며, 이 가운데 황화물 고체전해질 소재가 성능이나 전고체전지 적용 가능성에서 가장 앞서 있다. 일본은 전고체전지 연구에서 가장 기술적으로 앞선 국가로 손꼽힌다. 일본에선 황화물 고체전해질 위주로 연구를 진행하고 있다. 산화물은 세라믹 특유의 딱딱한 재질 특성 때문에 배터리 내 음극 및 양극과의 물리적 접촉 부재에 따른 성능열화 문제가 있다. 최근 연구가 시작된 고분자 기반 소재는 소재 범위가 넓어 유망하다는 평가를 받았으나 이온의 이동도가 여전히 황화물 대비 10분의 1 수준이고, 특히 고온에서 기계적 강도가 다른 재료에 비해 약한 단점도 있다. 반면 황화물 고체전해질은 이온 전도도가 높고 입자가 비교적 연성이라 전지 제조 시 전극과의 계면밀착특성이 우수하다. 그러나 황화물 고체전해질은 수분에 민감하게 반응해 유해가스인 황화수소H_2S가 쉽게 발생하는 문제점이 있다.

고체전해질 소재가 개발되면서 고체전해질에 적합하게 양극과

삼성전자가 개발한 '석출형 음극'을 적용한 전고체전지 >>> 출처: 삼성전자 & 네이처 에너지

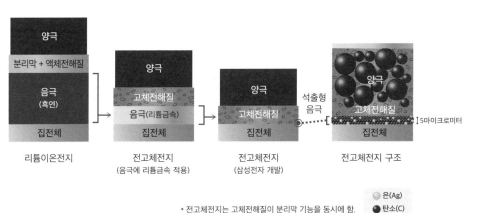

리튬이온전지 　전고체전지
(음극에 리튬금속 적용)　전고체전지
(삼성전자 개발)　전고체전지 구조

• 전고체전지는 고체전해질이 분리막 기능을 동시에 함.

은(Ag)
탄소(C)

음극을 고도화하며 상용화를 앞당기기 위한 기술들도 개발되고 있다. 삼성전자 종합기술원은 2020년 3월 '석출형 리튬음극'을 적용해 전고체전지의 수명과 안전성을 동시에 높인 기술을 국제학술지 〈네이처 에너지〉에 발표했다. 음극 두께를 거의 없다시피 얇게 만들어 에너지밀도를 대폭 올린 것이 기술의 핵심이다. 삼성전자에 따르면 1회 충전에 800km를 주행하고 재충전도 1,000회 이상 가능하여 지금까지 나온 전고체전지 중 가장 앞섰다는 평가를 받고 있다.

과연 전고체전지가
게임체인저일까?

일본은 도요타를 중심으로 한 대규모 민관 컨소시엄을 조성해 전기차 배터리 상용화에 나섰다. 일본은 관련 기술을 철저히 비밀에 부치면서 특허를 통해 기술을 장악해 나가고 있다. 리튬이온전지를 세계 최초로 상용화했음에도 불구하고 결국 한국에 모바일IT용 소형 배터리 주도권을 뺏기고 전기차 시장에도 진입이 늦어진 아픈 기억 때문이다. 기존 리튬이온전지의 에너지밀도는 255Wh/kg 수준인 반면 전고체전지는 이론적으로 500Wh/kg 가까이 에너지밀도 구현이 가능하다. 이 때문에 전고체전지를 게임체인저로 보는 의견들이 많다.

폭스바겐이 투자하고 있는 미국의 퀀텀스케이프QuantumScape도 2020년 12월, 15분 이내에 80%를 충진할 수 있는 전고체전지 실험결과를 발표했다. 대만의 프롤로지움Prologium도 2021년 8월, 전고체전지를 개발했다고 발표했다. 그러나 도요타가 2020 도쿄 오토쇼에 전고체전지를 탑재한 모델을 선보이겠다고 했으나 실현되지

미국 전고체전지 개발업체인 SES가 공개한 리튬메탈전지 >>>

출처: 글로벌오토뉴스, 2021년 11월 8일자

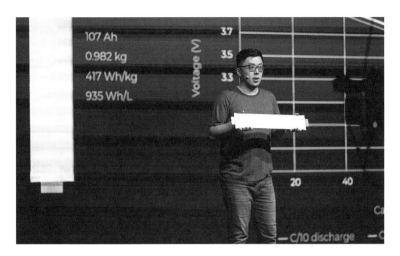

않고 있는 것에서 알 수 있듯이 자동차에 탑재하기에는 여전히 많은 기술적 문제가 있다. 그런 가운데 미국 전고체전지 개발업체인 SES Solid Energy Systems가 2021년 11월 4일, 온라인 이벤트 '제1회 SES 배터리 월드'를 통해 리튬메탈전지를 공개했다. 아폴로라는 107Ah용 배터리는 솔벤트 인 솔트(염중염매) 전해질이 들어간 것으로, 리튬이온전지와 전고체전지의 중간 형태로 하이브리드 리튬메탈전지라고 소개했다. 100Ah 이상의 리튬메탈전지가 전 세계에 공개된 것은 처음이었다. SES가 공개한 아폴로 배터리는 무게는 0.982kg에 불과하고 얇고 긴 네모 모양을 띠고 있다. 에너지밀도는 1kg당 417Wh로 현재 전기차에 사용되고 있는 리튬이온전지의 1.4배에서 3배 수준이며 충전 시간은 12분 만에 10%에서 90%까지 충전하는 고속충전이 가능하다고 소개했다.

SES의 CEO 치차오 후 Qichao Hu는 전 세계에 7~8개의 리튬메탈 기반 전고체전지 업체가 있지만 SES가 상용화 측면에서 가장 앞서 있다고 주장하며 실제 자동차에 리튬메탈 전지를 공급하는 첫 번째 업체가 될 것이라고 주장했다.

현대차그룹은 2018년 미국 배터리 개발회사 아이오닉 머티리얼즈Ionic Materials와 솔리드파워Solid Power에 투자했으며 2021년 1월 미국 팩토리얼에너지Factorial Energy와 전고체전지 개발에 관해 제휴를 맺고 SES에도 투자하고 있다. 2021년 11월에는 서울대와 공동으로 배터리 연구센터를 설립하였다. 이곳에서는 배터리 관리 시스템BMS, 전고체전지SSB, 리튬메탈전지LMB, 배터리 공정기술 등 4개 분야를 중심으로 공동연구를 추진하고 있다.

배터리는 메모리 반도체에 버금가는 제2의 주력 먹거리 산업으로 여겨지고 있다. 불과 10년 전 중소기업 비즈니스 규모에 불과하였던 전기차 사업이 지금은 전 세계 모든 완성차 업체의 핵심과제가 되었다. 차세대 배터리 기술은 그 전기차 사업 가운데에서도 미래 핵심이 될 것으로 기대된다.

전기차 업체의
진출과 한계

배터리 업체와
완성차 업체의 동맹

　　최근 전기차 배터리 업체와 글로벌 완성차 업체 간의 협력관계가 공급 파트너에서 합작법인 관계로 강화되고 있다. 단순 협력이 아니라 '동맹' 수준으로 발전하는 것이다. 특히 완성차 그룹과 동맹을 맺은 국내 배터리 3사 간의 경쟁이 치열해지고 있다. 특히, LG에너지솔루션과 SK온이 미국을 배터리 생산 전초기지로 삼고 완성차 그룹과 동맹을 활발하게 진행하는 등 국내 배터리 업체의 글로벌 시장 주도권 다툼은 더욱 치열해질 전망이다.

　　완성차 업체와의 동맹과 관련해서는 LG에너지솔루션이 2019년 12월에 GM과 합작사 얼티엄셀즈Ultium Cells LLC를 설립하고 생산공장을 짓는 것을 시작으로 북미시장에 본격 진출했다. 오하이오주에 1공장(40GWh), 테네시주에 2공장(45GWh), 미시건주에 3공장 (50GWh) 등 총 3개의 합작법인 프로젝트를 추진하고 있는 것을 비롯해 캐나다에 스텔란티스Stellantis와의 합작법인공장(45GWh), 미국 오하이오에 혼다Honda와의 40GWh 규모의 합작법인을 추진하고 있다. 이외 최근 인도네시아에도 현대차와 합작법인을 진행하는 등 가장 활발하게 완성차업체와의 동맹을 강화하고 있다.

2021년 5월 글로벌 5위 전기차 배터리 제조사인 SK온과 글로벌 7위 완성차 업체인 미국의 포드가 배터리 합작법인JV, Joint Venture 블루오벌SKBlueOvalSK를 설립하기로 했다. 블루오벌SK는 배터리 셀 제

글로벌 배터리-완성차 간 협력 관계 >>>

완성차 업체	전기차 배터리 공급 파트너	전기차 배터리 합작법인
폭스바겐	LG에너지솔루션, 삼성SDI, CATL, SK온	노스볼트, 궈쉬안
테슬라	파나소닉, LG에너지솔루션, CATL	파나소닉
GM	LG에너지솔루션, CATL, China Local	LG에너지솔루션
포드	LG에너지솔루션, 삼성SDI, SK온, CATL	SK온
현대차그룹	LG에너지솔루션, SK온, CATL	LG에너지솔루션
르노닛산 얼라이언스	LG에너지솔루션, CATL, AESC, LEJ	LG에너지솔루션
스텔란티스	CATL, LG에너지솔루션, 삼성SDI	SFT
BMW	삼성SDI, CATL	-
다임러그룹	LG에너지솔루션, SK온, CATL	-
지리	CATL, LG에너지솔루션, Volvo Brand Global, China Local	CATL
도요타	파나소닉, CATL, CALB	파나소닉

조를 넘어 여러 개의 셀을 묶은 모듈 단계까지 생산할 계획이며, 블루오벌SK가 향후 포드의 배터리 내재화 전략에서 중요한 역할을 할 것으로 보인다. 포드는 SK온의 배터리가 장착될 픽업트럭 전기차 F-150 라이트닝 공개 행사에서 미시간에 세울 포드 이온 파크Ford Ion Park를 통해 배터리 셀과 관련 제품 등을 수직적으로 집적화할 것이라고 밝혔다. 수직 집적화는 최근 폭스바겐 등이 밝힌 배터리 내재화 전략의 하나이다. 이에 따라 SK온 배터리 공급망을 기반으로 한 소재 기업의 미국 투자도 잇따를 것으로 보인다. 배터리의 핵심 소재인 양극 활물질은 에코프로 및 앨앤에프, 음극 활물질은 포스코케미칼, 전해액은 동화일렉트로라이트, 분리막은 자회사인 SKIET 등에서 공급받는다.

LG에너지솔루션이 GM과 합작법인을 통해 오하이오에 짓고 있는 얼티엄셀즈 >>>
출처: LG에너지솔루션

삼성SDI는 스텔란티스와 손잡고 미국에 첫 전기차 배터리 셀·모듈 공장을 설립하고 있다. 2021년 1월 피아트크라이슬러FAC와 푸조시트로엥그룹PSA이 합병해 탄생한 스텔란티스는 산하에 크라이슬러, 피아트, 마세라티, 지프 등 14개 브랜드를 보유 중이다. 합작법인은 2025년 상반기부터 미국에서 연산 23GWh 규모로 전기차 배터리 셀과 모듈을 생산하기로 했으며, 향후 40GWh까지 확장할 예정이다. 삼성SDI는 합작법인을 통해 미국 내 전기차 배터리 셀·모듈 생산을 진행할 수 있게 되었고 스텔란티스는 2030년까지 북미 지역 전기차 판매 40% 목표 달성을 위한 생산능력을 확보하게 되었다. 합작법인에서 생산되는 배터리는 스텔란티스의 미국, 캐나다, 멕시코 공장에 공급되어 플러그인 하이브리드 차PHEV부터 순수 전기차EV에 이르기까지 스텔란티스 산하 브랜드에서 판매될 차세대 전기차에 탑재될 예정이다.

미국 조지아에 건설 중인 SK온 배터리 공장 >>>　　　　　　출처: SK온

신차 개발 프로젝트별로 배터리-완성차 업체의 협력관계가 분화하고 있기도 하다. 초창기 일본 파나소닉에서만 배터리를 받던 미국 테슬라가 모델3·Y로 차종을 확대하며 한국의 LG에너지솔루션과 중국의 CATL로 공급망을 확대한 것이 대표적이다.

배터리 탈아시아를 선언한
유럽 자동차 업체들

한편으로는 완성차 업체들이 전기차 배터리 자체 개발에도 나서고 있다. 폭스바겐은 각형 배터리를 생산하는 스타트업 노스볼트Northvolt의 최대주주로 올라서며 수직계열화를 통한 배터리 내재화를 시도하고 있다. 폭스바겐의 고급 스포츠카 브랜드 포르쉐는 독일 리튬이온전지 업체인 커스텀셀스Customcells와 합작사를 설립해 2024년부터 소규모 배터리 생산에 나설 계획이며, 경주용차 등 특수한 모델에 적용될 예정이다. 스웨덴 볼보는 2030년까지 완전한 전기차 제조사가 되기 위한 로드맵을 발표하며, 10년 내 1회 충전으로 1,000km 주행이 가능한 전기차를 내놓겠다는 목표를 세웠다. 볼보는 노스볼트와 협력해 현재보다 50% 이상 에너지밀도가 높은 배터리를 10년 내 출시한다는 계획이다. 두 회사는 유럽 배터리 공장 건립도 계획하고 있다.

미국, 일본 업체들도 자체 배터리 기술 확보에 속도를 내고 있다. 미국 GM은 전기차와 자율주행차 개발 부문에 2025년까지 당초 계획보다 30% 늘어난 350억 달러를 투자하기로 했다. 포드는 전기차 시장에서 살아남기 위해서는 배터리 내재화가 반드시 필요하다고 판단하고 배터리 자체 생산 계획을 공식화했다. 미국 미시간 디트로이트에 1억8,500만 달러를 들여 배터리 연구개발센터인 포드 이온 파크를 설립하고 이곳에서 리튬이온전지를 자체 개발할 예정이라고 발표했다.

일본 자동차 업체도 적극적이다. 닛산은 유럽 시장 공략을 위해 영국에 전기차 배터리 기가팩토리를 짓고 차세대 순수전기차를 생산할 계획이다. 전기차 사업에 소극적이라는 평가를 받던 도요타 역시 미국에서 배터리를 직접 만들기 위해 오는 2030년까지 총 34억 달러를 투자하겠다고 발표했다. 2025년부터 생산을 시작할 새 배터리 공장 건설에는 12억9,000만 달러를 투입한다. 이 공장은 순수전기차EV뿐 아니라, 도요타가 세계 1위를 점하고 있는 하이브리드차HEV에 탑재되는 배터리도 생산한다. 도요타는 전기차 배터리 업체와 손잡지 않고 자체 배터리 개발 및 생산에 나설 예정이다. 대

도요타 전기차 내부 >>>　　　　　　　　　　　　출처: 로이터 통신

량생산을 위해서는 전기차 가격의 30% 이상을 차지하는 배터리 가격을 줄여야 가격경쟁력이 확보되고, 향후 전기차가 상용화돼 각국 정부가 보조금을 줄이더라도 안정적으로 수익을 내며 시장을 장악할 수 있기 때문이다.

왜 완성차 업체들이 전기차 배터리를 자체 개발하는 데 이토록 열을 올릴까? 이는 향후 배터리 공급 부족 발생 시 주도권 싸움에서 밀리지 않기 위한 선제적 대응 차원이다. 빠르면 2025년부터 전기차 등 친환경차만 판매해야 하는데, 이때 지금의 반도체 공급난처럼 전기차 핵심부품인 배터리 공급 대란이 벌어질 가능성이 높기 때문이다. SNE리서치에 따르면 2023년부터 배터리 수요가 공급을 7% 초과하는 공급부족 현상이 발생하고, 2025년에는 그 격차가 더 벌어진다.

그러나 완성차 업체가 단기간의 자체 노력으로 양산차에 탑재 가능한 정도의 배터리를 만들어내는 것은 쉽지 않아 보인다. LG에너지솔루션의 경우만 봐도, 2000년 전기차 배터리 개발에 본격 뛰어들어 2009년 시제품 양산까지 딱 10년이 걸렸다. 그만큼 화학산업은 단기간에 기술 축적이 용이한 분야가 아니기 때문에 배터리를 내재화하고자 하는 완성차 업체들은 많겠지만, 당분간은 배터리 업체와 협력할 수밖에 없을 것으로 판단된다. 그럼에도 중장기적으로는 자동차와 배터리 업체가 서로 경쟁관계가 될 가능성이 있다.

완성차 업체들의 배터리 내재화 바람이 거센 또 다른 이유에는 전기차 배터리가 차지하는 높은 원가도 있다. 전기차 가격에서 배터리 비용이 40% 가까이 차지하기 때문에 배터리 가격 최소화가 곧 영업이익과 직결된다. 내연기관에서는 부품 하나가 이 정도로 높은 비율을 차지하지는 않는다. 결국 전기차 전쟁에선 배터리 주도권을 잡아야 이긴다는 인식을 하고 있다.

정부 지원금 활용에도 목적이 있다. 세계 1위 완성차 업체인 폭스바겐은 2030년까지 유럽 내 배터리 공장 여섯 곳을 증설해 연간 240GWh 배터리 셀을 만들겠다고 밝혔다. 유럽이 배터리 공급망 구축에 지원금을 쏟아내고 있기에 가능한 계획이다. 유럽의 전기차 배터리 관련 지원금은 1년 사이 10배 증가한 61억 유로에 이른다. 국제 신용기관 스탠더드앤드푸어스Standard&Poor's, S&P는 세계 배터리 생산에서 유럽이 차지하는 비율이 2020년 6%에서 2025년 25%까지 증가할 것으로 전망했다.

또한, 배터리 내재화는 배터리 업체를 압박하기 위한 수단이 되기도 한다. 배터리 가격을 떨어뜨리고 공급량을 늘리는 것이 완성차 업체의 화두다. 이에 따라 경쟁적으로 배터리를 수주하고 있는 배터리 업체들을 긴장시키고 향후 협력을 얻어내거나 가격 인하를 협상하고자 하는 것이다. 완성차 업체가 다양한 배터리 개발 원가 정보와 이슈를 파악하게 되면 가격 협상에 유리한 고지를 차지할 수도 있다.

마지막으로, 완성차 업체로서 경쟁력을 유지하기 위해서도 배터리가 필요하다. 배터리는 내연기관차에서 엔진의 역할에 해당한다. 이 부품을 계속 외부에서 조달하는 상황을 방치하면 완성차 업체는 부품을 단순 조립만 하는 업체로 전락할 수 있다. 따라서 전기차 시대에 자체 배터리 개발과 생산 능력까지 갖춰야 하는 것은 완성차 업체로서는 더 이상 피해갈 수 없는 선택이다.

완성차 업체
배터리 개발의 현실성

완성차 업체가 배터리의 직접 개발을 통해 실제 대량생산이 가능할까? 만약 가능하다 하더라도 직접 개발 및 생산하는 것이 과연 효율적일까? 앞서 간략히 언급했듯이 배터리 선도 업체가 수십 년의 시행착오를 거쳐 천문학적 투자를 바탕으로 이룩한 지금의 성과를 완성차 업체가 단기간에 따라잡기는 어렵다. 배터리 제조 상위 업체들이 20년 이상 연구하고 10년 이상 대량생산 경험을 쌓아온 것이 이를 증명한다. 또한, 기존 배터리 제조 업체의 각종 특허 기술을 우회해 배터리를 생산하는 것도 불가능에 가깝다. 양품의 배터리를 대량생산하는 것은 또 다른 문제이다. 배터리 제조업체가 기술개발 후 실제 대량생산에 성공하기까지 최소 10년이 걸렸다는 점을 감안하면, 대량생산 역량을 갖추는 것은 기술개발과는 완전히 별개의 문제이다.

완성차 업체가 이제 막 시작한 배터리 연구로 제품이 나온다 하더라도 고품질 배터리 구현을 위해서는 내구성 및 안정성 등 극복해야 할 민감한 이슈들이 많기 때문에 실제 양산까지 상당한 시간이 소요될 것이다.

그렇다면 수익성 측면에서는 어떨까? 완성차 업체는 자사가 생산한 배터리를 자사 자동차에 탑재할 것이다. 예를 들어 폭스바겐이 생산한 전기차 배터리가 폭스바겐에 탑재될 뿐 GM이나 BMW에 탑재되기는 어려울 것이다. 수익성 관점에서 볼 때 완성차 업체는 배터리 업체와는 달리 배터리 생산 설비와 생산 기술을 여러 타 완성차에 적용하기는 쉽지 않다. 즉 폭스바겐이 개발하려는 각형 배터리가 BMW 차량에 탑재된 각형 배터리를 대체하기란 쉽지 않다.

배터리 제조사의 시장점유율 추이를 보면 이는 더욱 명확하다. 최근 5년 사이 상위 6개 업체의 점유율이 90% 가까이 육박하면서 굉장히 빠른 과점화가 진행되고 있다. 선발주자와 후발주자와의 기술 격차가 뚜렷이 벌어진 상황이므로, 더욱이 신생 업체가 높은 수율로 기존 업체를 따라잡을 가능성은 지금으로선 그리 높지 않다.

따라서, 전기차의 경우 내연기관차와 달리 수직계열화를 통한 수익성을 기대하기가 어렵다고 판단된다. 초기 투자가 많은 배터리 산업의 특성상 전기차 업체가 자체적으로 쓸 배터리를 생산하는 것만큼 비효율적인 투자는 없다.

완성차 업체의
글로벌 전기차 시장 참전

기존 내연기관 기반의 완성차 업체들이 전기차 시장에 본격 참여함에 따라, 초창기 시장을 선도하던 테슬라의 아성도 조금씩 흔들리고 있다. 엔진 자동차만 만들던 브랜드가 전기차 시장으로 방향을 선회한 이상 시장점유율 1위를 놓고 치열한 싸움이 예상된다.

2021년 한국자동차산업협회_{KAMA}가 발표한 〈2020년 주요국 전기동력차 보급현황과 주요 정책 변화〉를 살펴보면 2020년 정확히 294만3172대가 판매되며 전년보다 90만8,286대가 더 팔렸다. 유형별로는 순수전기차_{EV}가 전년 대비 34.7% 증가한 203만여 대, 플러그인하이브리드_{PHEV}가 약 91만 대 판매되면서 73.6%나 늘었다. 수소전기차_{FCEV}도 8,282대로 전년 대비 9.3% 증가했다. 지역별로는 유럽과 중국이 글로벌 시장을 이끌었다. 특히 유럽 시장은 전년 대비 133.5% 증가한 129만 대가 판매되며 가파른 성장곡선을 기록했다.

브랜드별 순위를 살펴보면 2020년 글로벌 전기차 판매 1위는 테슬라였다. 총 44만2,334대를 기록하며 전년 대비 45.1%나 증가했다. 그 뒤를 폭스바겐과 제너럴모터스가 각각 38만1,406대, 22만2,116대로 바짝 뒤쫓고 있다. 우리나라의 현대차그룹도 5위 안에 이름을 올렸다. 2019년 글로벌 7위였던 현대차그룹은 2020년 19만8,487대를 판매하며 4위에 올랐다. 유럽 시장에서 5만 대 이상 팔린 코나 일렉트릭의 판매실적 덕분이다. 하지만, 2021년부터 자동차 업계에선 순위 변동의 조짐이 일어났다. 완성차 업체들의 전기차 출시가 시작됐기 때문이다.

실제로 글로벌 완성차 업체들의 전기차 전환 전략은 시작되었다. 폭스바겐은 2026년부터 새로운 내연기관 엔진 개발을 중단하고 2040년부터 내연기관차를 판매하지 않겠다고 발표했다. 첫 순수전기차 ID.3를 출시한 폭스바겐은 2028년까지 2800만 대의 전기차를 판매하겠다는 목표를 세웠다. 이를 위해 2025년까지 총 80종의 전기차를 출시할 계획이다. 산하 고성능 브랜드인 포르쉐도 911 모델을 제외한 나머지 라인업에 전동화 파워트레인 장착을 준비 중이다. 메르세데스벤츠도 친환경차 정책인 '앰비션Ambition 2039'를 공개하고 향후 20년 내에 모든 차량을 친환경차로 바꾸겠다고 공언했다. 2039년까지 생산차량의 절반 이상을 전기차와 하이브리드, 수소차 등 친환경차로 생산할 계획이다. 볼보는 2025년까지 전 세계 판매의 50%를 순수전기차로 전환하고 나머지 모델을 하이브리드

차로 대체할 예정이다. 2030년에는 모든 판매 차종을 순수전기차로 전환할 계획이다. 일본의 도요타도 전기차 전용 'e-TNGA' 플랫폼을 기반으로 6종의 순수전기차를 선보였고, 2025년부터 내연기관차 생산을 중단하겠다고 선언했다. 제너럴모터스는 전기차와 자율주행 기술에 200억 달러를 투자해 2025년까지 30여 종의 새 전기차를 내놓을 계획이다. 또한, 프리미엄 브랜드인 캐딜락의 100% 전기차 전환 계획을 2030년에서 2025년으로 앞당기겠다고 발표했다. 전기차 비중을 높이는 완성차 브랜드도 늘고 있다. 대표적으로 현대차그룹은 이미 전기차 전용 플랫폼 'e-GMP'가 탑재된 현대차의 아이오닉5를 출시했고, 기아의 EV6를 공개했다. 현대차그룹은 2025년까지 전기차 모델을 29종으로 늘린다는 계획이다. 푸조와 시트로엥을 생산하는 프랑스의 PSA그룹은 전 차종의 약 50%를 전기차로 구성하기로 했다. 인도의 타타그룹 계열사인 재규어랜드로버도 모든 차종에 전기차 모델을 갖추기로 했다. 완성차 업체들이 전기차 시장에 본격 참전하게 된 이유는 여러 가지가 있겠으나, 그중에서 전기차 시장이 가장 활발한 유럽연합의 엄격한 이산화탄소 CO_2 배출 규제가 친환경차 개발과 판매 확대로 이어지고 있기 때문이다. EU는 2021년부터 이산화탄소배출을 약 27% 감축해야 한다. 규제를 맞추지 못하면 CO_2 배출량이 1g 초과할 때마다 95유로의 벌금을 내야 한다. 따라서, 막대한 벌금을 피하기 위해 전기차처럼 CO_2를 배출하지 않거나 CO_2 배출량이 적은 차량을 개발하고 판매하는 데 주력할 수밖에 없다. 이미 친환경정책과 지원에 맞춰 완성차 브랜드들의 전략과 계획들이 차근차근 실행되고 있다. 테슬라가 전기차 시대를 열었지만, 이제 완성차 업체들이 본격 참여하면서 진정한 진검승부가 벌어질 것이다. 국제 석유시장에서도 이러한 분위기는 반영되고 있다. 월스트리트저널에 따르면 국제에너지기구 IEA는 휘발유 수요 감소가 정점에 달했으며 코로나 이전 수준으로 수요가 증가되지는 않을 것으로 전망하고 있다. IEA는 2026년까지 글로벌 전기차가 6,000만 대로 늘어난다고 전망하면서, 향후 5년간 휘발유차의 연비향상과 전기차 보급 확산으로 휘발유 수요 감소세가 개발도상국의 수요증가세를 넘어설 것으로 예상하고 있다.

새로운 전기차
업체들의 등장

최근 테슬라의 미국 내 시장점유율이 하락세를 보이고 있다. 모건스탠리Morgan Stanley의 발표에 따르면 테슬라의 2021년 2월 미국 내 전기차 시장점유율이 69%로 하락했다. 여전히 높은 점유율이지만 1년 전인 2020년 2월의 시장점유율은 81%였다. 점유율 하락의 원인으로는 순수전기차 시장에 GM, 포드, 벤츠, BMW, 현대차그룹 등 기존 완성차 기업들이 속속 뛰어들었기 때문이며 여기에 자율주행기술에 대한 안전성도 도마 위에 오른 탓이다. 미국의 도로교통안전국NHTSA은 자율주행기능 오작동으로 의심되는 23건의 테슬라 차량 충돌사고에 대해 정밀 조사에 나섰다. 점유율이 예전 같지 않은 상황에 신생 스타트업들이 본격적인 양산 체제를 갖추면서 더 치열한 경쟁이 예상된다. 미국의 루시드 모터스Lucid Motors, 리비안Rivian, 로즈타운 모터스Lordstown Motors, 피스커Fisker, 카누Canoo 등의 전기차 스타트업이 본격 시동을 걸었고, 중국에선 30여 개가 넘는 기업이 전기차 시장에 출사표를 던졌다. 이들 중 가장 앞선 스타트업은 루시드 모터스와 리비안이다.

　루시드 모터스는 2007년에 미국 캘리포니아에 설립된 스타트업이다. 테슬라의 부사장 출신 버나드 체Bernard Tse와 오라클 출신 샘웽Sam Weng이 창업했다. 초기 사명은 '아티에바Atieva'로 전기차 배터리와 파워트레인 개발에 집중했다. 2016년 10월 사명을 루시드 모터스로 변경하고 전기차 업체로 전환한 이후엔 줄곧 벤츠를 주요 경쟁사로 지목했다. CEO인 피터 롤린슨은 모델S를 설계한 테슬라의 수석 엔지니어 출신이다. 주요 임원 절반 이상이 테슬라 출신이어서 설립 초기부터 '테슬라의 대항마'로 불려왔다. 루시드 모터스는 2021년 9월 30일 미국 애리조나 공장에서 첫 번째 전기차인 '루시드 에어' 양산에 돌입한다고 발표했다. 이 차량은 4가지 트림으로 출시되며 각 트림별로 완충 시 주행거리도 공개됐는데, 최

루시드 에어 드림에디션 생산현장 >>>　　　　출처: www.lucidmotors.com

대 832km(드림에디션·미 환경보호국 기준)까지 주행이 가능하다. 현재 테슬라의 최장 거리 전기차 '모델S 롱 레인지'의 최대 주행거리가 652km인 것을 감안하면 충분히 경쟁력 있는 성능이다.

루시드 에어에는 삼성SDI와 LG에너지솔루션의 원통형 배터리가 실렸고, 자사 홈페이지에 고전압 충전 시스템을 도입해 20분 충전에 약 480km 주행이 가능하다고 명시하고 있다. 루시드 모터스는 배터리팩과 모터, 인버터 등 주요 부품은 자체 개발하고, LUCC라 명명한 전기차 전용 플랫폼을 사용한다. 내연기관 플랫폼과 달리 전기차 전용 플랫폼은 바닥을 평평하게 만들 수 있어 엔진과 변속기, 연료탱크가 차지하던 공간을 실내 공간으로 활용할 수 있다. 루시드 모터스가 밝힌 2021년 생산량은 약 7,000여 대이며 1만3,000대 이상의 사전 예약을 받아 제품 인도가 시작되면 판매량은 더 늘어날 전망이다. 현재 생산능력은 3만4,000대 수준이며 이를 9만 대로 늘리기 위한 증설을 진행 중이다. 2023년에는 두 번째 차량인 도심형 CUV '그래비티'의 출시도 예고했다. 이 차량은 루시드 에어와 동일한 전기차 전용 플랫폼을 기반으로 개발된 도심형 크로스오버 모델이다. 크기는 루시드 에어와 비슷하지만 SUV의 공간 활용성에 중점을 둔 것으로 알려졌다. 이미 포드 익스플로러 EV, 현대차 아이오닉7, 볼보의 XC90 리차지, 벤츠의 EQS가 경쟁 차종으로 지목되고 있다. 그래비티는 두 개의 전기모터를 장착해 최고 1,080마력에 달하는 성능을 자랑한다. 트라이 모터 패키지를 선택하면 최고 출력을 1,300마력까지 올릴 수 있다. 자체 측정한 1회 충전 후 최대 주행거리는 400마일(약 643km)인 것으로 알려졌다.

또 다른 미국 전기차 스타트업 리비안도 차기 테슬라의 자리를 노리고 있다. 리비안은 R1T 픽업트럭의 2022년 사전주문이 7만 1,000대를 기록했다고 밝혔다. 2021년 3분기 말 기준 사전주문량이 약 4만8,000대였던 점을 고려하면 우수한 성과다. 하지만 리비안이 2021년 3분기에 실제로 인도한 차량은 고작 11대로, 매출도 100만 달러에 불과했다. 그럼에도 불구하고 리비안은 초창기 테슬라와 유사하게 현재의 실적은 부진하지만 픽업트럭 분야에서의 성장 잠재력이 풍부하다. 리비안은 2021년 3분기 12억3,000만 달러의 순손실을 기록했지만 일리노이 공장의 생산능력을 현 15만 대에서 20만 대로 늘리며 조지아에 40만 대 생산이 가능한 제2공장을 건설하여 2024년부터 가동에 나선다고 한다. 리비안이 초기 테슬라보다 유리한 점은 주요 투자자이자 고객인 아마존이 물류 배송에 사용할 전기 밴 10만 대를 선주문한 것이 대표적이다. 하지만 현시점에서 이 같은 목표가 실현이 가능할지에 대해서는 부정적인 시

뉴욕 나스닥에 상장한 날 타임스퀘어에 전시된 리비안의 전기 트럭 R1T >>>

출처: 로이터, 연합뉴스

각 역시 많다. 미국의 금융 자문 및 온라인 미디어를 운영하는 모틀리풀The Motley Fool은 분기당 11대에 불과한 인도량을 3년 만에 15만 대로 늘리는 것은 다소 힘든 도전이라고 지적했다. 특히 10여 년 전 경쟁자가 없는 상태에서 전기차 시장에 뛰어들었던 테슬라와는 달리 리비안은 기존 완성차 업체는 물론 다른 스타트업 등과 경쟁을 펼쳐야 하는 상황이다. 순수전기차 업체 중 가장 강력한 테슬라이지만 1위 자리를 수성하기 위해 안간힘을 쓰고 있다.

전기차 관련 스타트업이 소량생산에 하이엔드급 전기차 모델을 생산한다면 전통적인 완성차 기업들은 대량투자와 생산을 통한 시장 탈환을 선언하고 있다. GM은 2025년까지 미국 전기차 시장 1위 달성을 공언했다. 이와 함께 오는 2030년까지는 매출액을 두 배로 늘리기로 했다. GM은 2021년 10월 6일 미시간주 워런 GM 글로벌 테크니컬 센터 디자인돔에서 전 세계 투자자들을 대상으로 'GM 인베스터 데이 2021'를 열고 이같은 계획을 밝혔다. 메리 바라 GM 회장은 자동차 제조사에서 고객 중심의 플랫폼 혁신 기업으로 변모했다고 강조하며 하드웨어와 소프트웨어 플랫폼을 통해 모든 이들의 일상을 혁신하고 그들을 전동화된 미래로 이끌 것이라고 말했다.

2025년 미국 내 전기차 시장점유율 1위를 달성하기 위한 GM의 핵심축은 전기차 전용 플랫폼 얼티엄Ultium이다. GM은 올 상반기에 2025년까지 전기차 및 자율주행 분야에 350억 달러를 투자하고 30종 이상의 새 전기차를 출시하겠다고 선언하였다. GM은 2030년 연간 전기차 판매 수입이 약 900억 달러로 증가한다는 가정하에 커넥티드카 사업과 기타 신사업에서 800억 달러의 추가 수익을 창출할 것으로 예상하고 있다. 또한 2025년까지 북미 전역의 공공충전

GM 테크 센터에서 투자자들에 연설하고 있는 메리 바라 GM 회장 >>> 출처: 제너럴모터스

소를 포괄하는 충전 인프라에 대한 투자를 약 7억 5,000만 달러로 늘리겠다고 밝혔다.

글로벌 IT 기업들의
전기차 개발 움직임

글로벌 IT 기업들과 완성차 업체들의 연합도 전기차 시장 재편에 새로운 구도가 되고 있다. 2020년 말, LG전자와 세계 3위 자동차 부품 업체 마그나 인터내셔널Magna International Inc.(이하 마그나)이 전기차 파워트레인(동력전달장치) 분야 합작법인 엘지 마그나 이파워트레인LG Magna e-Powertrain Co.,Ltd을 설립한다고 발표하였다. 모빌리티 기술 회사인 마그나는 1957년에 설립됐다. 세계 최대 자동차 부품사 중 하나로, 2020년 매출액 기준 세계 시장 3위 업체다. 동력전달장치 외에 섀시와 내·외장 등 다양한 자동차 부품을 생산해 완성차 업체에 공급하고 있다. 풍부한 사업

경험은 물론 글로벌 고객 네트워크와 동력전달장치 분야의 통합 시스템 설계, 검증 등 엔지니어링 역량도 보유하고 있다. LG전자는 전기차 동력전달장치의 핵심 부품인 모터와 인버터 등에 대한 기술과 제조 경쟁력을 갖추고 있다. LG전자와 마그나는 친환경차와 전동화 부품 시장이 빠르게 성장하고 있는 상황에 서로 최상의 시너지를 기대하고 있다. 특히 양사의 합작사가 애플 등 전기차 사업에 뛰어드는 신규 고객사 수주에 한발 앞설 것이란 기대감도 있다.

애플이 전기자동차인 애플카를 직접 개발할 것인지도 역시 귀추가 주목되고 있다. 애플은 그동안 자체 자동차연구소를 설립해 직접 개발을 추진했지만 한계에 부딪히면서 BMW, 현대차그룹, 닛산 등에 물밑 접촉을 해왔다. 공동 개발과 위탁생산을 위한 일환이었다. 하지만 자동차업체들이 한발 물러서면서 속도가 나지 않자 다시 직접 개발로 선회한 것으로 보인다. 애플은 한동안 자율주행 관련 기술에만 초점을 맞추고 연구했었지만, 2021년 6월 BMW에서 전기차 i3 등을 담당한 수석부사장 출신 울리히 크란츠 Ulrich Kranz를 영입했다고 발표하면서 자율주행 전기자동차를 제작하기로 결정했다는 분명한 신호라고 설명했다.

애플이 자동차 업체와의 공동 개발 전략에서 물러나 직접 개발로 전략을 바꾼 까닭은 자동차 업체와 논의가 잇따라 보류됐기 때문이다. 전기차 진출을 꿈꿔온 애플이 더 이상 출시를 늦추기 어렵다고 판단한 것으로 풀이된다. 애플이 어떤 전기차를 선보일지는 미지수이지만 업계에서는 소프트웨어·배터리·디자인 등 고부가가치 영역을 먼저 개발할 것으로 보고 있다. 시점에 대해선 전문가들은 2025~2027년으로 전망하고 있다. CNBC는 투자업체 번스타인의 보고서를 인용해 애플이 2025년까지 애플카를 선보인다면 2030년까지 150만 대를 판매할 수 있을 것으로 내다봤다. 또 애플카 출시를 계기로 매출액이 약 750억 달러 늘어날 것으로 전망했다.

중국 최대 검색업체 바이두도 자국의 완성차 업체 지리차와 전기차 사업에 나선다고 2021년 초 공식 발표했다. 바이두가 IT기술을 제공하고 지리차의 EV전용 플랫폼과 공장시설을 이용하는 일종의 위탁생산 방식이다. 중국 최대 전자상거래 플랫폼인 알리바바도 상하이차 및 상하이시 푸둥신구 정부와 함께 전기차 제조사인 즈지자동차를 설립했다. 일본의 대표적 전자기업 소니도 전기차 시장 진출을 준비하고 있다. 2022년 1월 5일 미국 라스베이거스에서 열린 국제 IT 전시회 CES2022에서 소니는 7인승 SUV 전기차 비전-S 02를 최초 공개했다. 이 모델은 2020년 CES에서 공개한 세단형 전기차 비전-S 01과 동일한 전기차·클라우드 플랫폼을 사용한다. 이날 열린 기자간담회에서 요시다 겐이치로 소니그룹 회장은 전기차 시장 진출을 선언했다. 2년 전 비전 S를 공개했을 때 상당한 완성도를 보여 소니가 전기차 시장에 직접 뛰어드는 것 아니냐는 전망이 나왔던 터였다. 소니 이름표를 단 전기차 출시 가능성을 언급하면서 두 종의 전기차 모델의 구체적인 디자인과 성능 사양도 공개했다.

소니는 전기차 개발 목표를 3가지로 제시했다. 안전성과 적응성, 엔터테인먼트이다. 이미지·라이더 센서, 초음파 센서 등 자사의 센서 40개가 차량 360도를 감지해 안전성을 높였다고 강조했다. 디스플레이 등의 개인화 기능과 함께 운전자 모니터링 기능을 제공하고, 스마트폰 개발로 쌓은 통신·보안 기술을 차량 통신 시스템에 적용했다고 밝혔다. 움직이는 엔터테인먼트 공간으로서의 자동차

CES2022에 출품된 소니 전기 SUV 컨셉트카 '비전-S 02' >>>　　출처: 연합뉴스

도 강조했다. 좌석 머리 받침대 밑에 스피커를 내장해 3차원 음향을 제공하며, 집에 있는 플레이스테이션에 원격으로 접속해 차 안에서 게임을 하거나 파노라마 디스플레이로 고품질의 영화를 볼 수 있다고 소개했다.

　이처럼 전기차가 대세로 떠오르면서 완성차 업체들이 쥐고 있던 주도권이 IT 및 전자기업으로 분산되고 있다. 전동화로 엔진 대신 배터리와 모터, 인버터가 차량 원가의 절반을 넘고, 자율주행을 목표로 하는 주행 보조시스템이 고도화되면서 반도체·센서 기술과 소프트웨어·인공지능 기술이 중요해졌다. 자동차가 단순한 이동수단에서 움직이는 거실이나 사무실로 발전할 것으로 예상되면서 자동차를 엔터테인먼트, 쇼핑 등 일상의 플랫폼으로 활용하려는 제품과 서비스 개발이 한창이다. 엔진이 사라지고 부품 수가 줄면서 자동차 제조의 문턱은 낮아졌다. 중국의 샤오미나 화웨이도 전기차를

만들겠다고 선언할 정도이다. 내로라하는 글로벌 기업 중 전기차 시장에 뛰어들지 않은 업체가 없다.

가속화되는
전기차 시대

전기차 득세는 더욱 가속화하고 있다. 한 번 충전하고 달릴 수 있는 일충전 주행거리도 400~500km로 늘어났고 배터리 1kWh당 가격도 100달러 미만으로 줄었다. 전기차 가격 가운데 약 40%를 차지하는 배터리 단가가 크게 떨어지면서 가격 경쟁력도 올라가고 있다. 앞으로 4~5년이면 보조금 없이 내연기관차와 비슷한 가격대로 출시될 수도 있다. 이때쯤에는 충전 인프라도 구축돼 일반 주유소와 복합형 충전소에서 충전할 수 있을 것으로 예상된다. 정부도 배터리 리스Lease를 통한 전기차 구매 활성화, 배터리 비용 절감을 통한 전기차 가격 인하 등 다양한 정책을 진행할 예정이어서 증가 속도가 빨라질 것이 확실하다. 전기차가 인큐베이터 모델에서 벗어나 시장을 주도할 날이 머지않았다. 전기차 시대가 다가오면서 자동차 제조사들은 미래에도 모빌리티 주도권을 갖고 있을지에 대해 고민을 하고 있다. 현재 전기차는 수직 구조보다는 수평 구조에 가까워지면서 전통적인 자동차 제조사들이 쥐고 있던 주도권이 흔들리고 있기 때문이다. 미래 모빌리티 주도권은 전기차 배터리, 라이다 센서 같은 자율주행차 센서 개발업체, 차량용 반도체, 혹은 인공지능 개발업체가 주도권을 쥘 수도 있다. 미래의 모빌리티 주도권을 가질 것인지 누구도 예상하기 힘들다. 과연 게임체인저급 기술 주도권을 누가 가질 수 있을까? 이 중 하나가 바로 배터리이다. 배터리는 전기차 전체 가성비와 특성을 책임질 핵심 부품이다. 2028년 이후로 생산이 기대되는 전고체전지를 비롯하여 다른 소재를 사용하는 또 다른 차세대 배터리 기술도 등장할 것으로 예상된다.

문제는 현재와 같이 배터리 전문 기업이 공급하는 제품을 제조사들이 납품을 받아 사용하는 형태가 계속될 것인지에 있다. 전기차를 아무리 잘 만들어도 성능 또는 공급이 제대로 이뤄지지 않으면 제조사 입장에서 전기차 미래는 불확실하다. 제조사와 배터리 회사가 수평관계를 이루면서 목소리를 내기도 힘들고 경쟁력을 높이기 위한 노력 등 기존에 있었던 완벽한 수직 구조를 통한 일사불란한 생산에도 한계가 따른다. 경쟁력 확보 측면에서 제조사는 현재와 같은 수평 구조에 문제가 있다고 볼 수 있다. 테슬라뿐만 아니라 전기차를 만들고 있는 글로벌 제조사들은 당장 수요를 맞추기 위해 LG, 삼성, SK 등으로부터 배터리를 공급받고 있다. 그러나 테슬라는 5년 이내 자체 생산하겠다고 선언했다. 전기차 제조사들이 제때 배터리가 공급이 될지에 대해 얼마나 불안해하는지를 단적으로 보여주는 예이다. 현대차그룹도 예외는 아니다. 전기차 전용 플랫폼을 기반으로 하는 다양한 모델을 계획하고 있는 현대차그룹 역시 미래 모빌리티 시장 주도권을 갖고 유지하기 위해서는 자체적 배터리 생산이 필수적이라 판단하고 있다. 원천기술을 보유한 배터리 기업 자체를 인수하는 것이 유리하지만 글로벌 시장에서 경쟁력을 갖춘 스타트업을 구하는 일은 생각보다 쉽지 않다. 하지만 분명한 사실은, 향후 자동차 제조사들은 자체 또는 계열사와 같이 어떤 형태로든 배터리 회사를 소유하려고 할 것이다. 지금은 배터리나 자율주행 관련 기술을 공유하고 있지만 결국 기업의 경쟁력 강화를 위해 수직·하청 구조 형태로 재정립될 것으로 조심스럽게 예상한다. 글로벌 자동차 제조사와 배터리 제조회사가 전략적인 동반자 관계를 유지하는 일도 얼마 남지 않은 듯하다. 아니, 어쩌면 경쟁 관계가 될 수도 있다. 배터리 제조회사가 전기자동차 생산에 뛰어드는 것도 충분히 가능한 시나리오이기 때문이다. 과거 BMW나 혼다가 엔진 기술을 바탕으로 내연기관 자동차 생산에 뛰어들었던 경우도 있다. 그만큼 미래 모빌리티 사회의 주도권을 쥐기 위한 생존경쟁도 더욱 치열해질 것으로 예상된다.

4장

이차전지 산업 생태계 전쟁

SECONDARY
BATTERY
REPORT

원자재
글로벌 공급망 전쟁

중국이 배터리 공급망을
지배하는 방법

미국은 휴대전화, 컴퓨터, 차량과 같은 주요 소비재 품목은 물론, 전력망 같은 국가 기간 인프라에 이르기까지 화석연료 에너지원에서 탄소중립형 에너지원으로 지속적으로 전환하고 있다. 그에 따라 탄소중립형 에너지원의 핵심인 배터리의 중요성이 나날이 커지고 있으며 글로벌 배터리 공급 양상이 미국 국가안보의 문제로 인식되는 전환점을 맞이하고 있다. 화석연료가 지배해오던 최근까지도 미국 정치인들은 산유국의 횡포로부터 자국 산업을 보호하기 위해 총력을 기울였다. 2019년 미국은 석유와 셰일가스를 생산함으로써 드디어 에너지 자립 목표를 달성하게 되었다. 하지만 이러한 성과가 채 가시기도 전에 탄소중립 시대를 맞이하면서 차세대 에너지 혁명의 핵심인 배터리 원자재를 통제해야 하는 도전에 직면하게 되었다. 미국 지질조사국United States Geological Survey, USGS에 따르면, 2020년 미국은 78%의 코발트 수요와 모든 흑연 수요를 외국에서 수입하고 있으며 이런 추세라면 가까운 장래에 미국은 전력 저장·공급용 배터리를 생산하기 위해 어쩔 수 없이 외국, 특히 중국 공급망에 의존해야 하는 상황에 놓일 수 있다. 따라서 바이든 정부에서는 자체 공급망 확보를 위하여 중국을 제외한 자유민주주의 국가 위주의 배터리 공급망 확보에 사활을 걸고 있다.

특히 세계 자동차 시장이 전기차 위주로 빠르게 재편되는 가운데, 중국은 국가 주도로 원료·소재·부품 등 전기차 배터리 공급망을 전체적으로 장악해가고 있다. 막강한 자금력을 앞세워 남미·호주·아프리카 대륙 일부 지역에 생산이 한정된 리튬, 코발트, 니켈 광산을 속속 집어삼키고 있다. 광물 공급망부터 우선적으로 장악하는 것이다. 잘 알려진 것처럼 중국 시진핑 국가주석의 일대일로一带一路 정책에 따라 특히 아프리카 지역에서 막대한 자금력으로 현지 광산 기업을 사들이고 있다. 경제난에 시달리는 아프리카 각국 정부는 중국 기업의 투자를 환영하는 분위기이다. 세계 최대 코발트 생산 기업인 중국 저장화유코발트浙江华友钴业, Zhejiang Huayou Cobalt는 짐바브웨의 리튬 광산 회사 프로스펙트리튬짐바브웨Prospect Lithium Zimbabwe를 4억2,200만 달러(약 5,000억 원)에 인수했다. 프로스펙트리튬짐바브웨는 짐바브웨 수도 하라레 인근의 리튬 광산인 아카디아Arcadia를 소유한 회사로서 이곳에 탄산리튬Li2CO3 Lithium Carbonate Equivalent당 124만~190만 톤이 매장된 것으로 알려져 있다. 광물 공급망 확보 이후의 배터리 원료 공급망 측면에서도 중국 업체들은 산지에서 광물을 싸게 들여와 1차 가공을 거쳐 배터리 원료 화합물로 만든 후 전 세계에 납품하고 있다. 중국 내 매장된 리튬 원광석의 양은 전 세계 매장량의 10%에 지나지 않지만, 1차 가공품인 리튬 화합물은 중국이 전 세계에서 가장 많이 생산하고 있다. 이처럼 중국은 배터리 소재 생산에 직접 필요한 1차 가공품 시장을 완전히 장악하고 있다. 물론 1차 가공품 기술의 난이도보다는 1차 가공품 생산 시 유발되는 각종 환경오염 때문에 한국, 일본 등 민주주의 기반의 선진국에서는 엄두도 내지 못하는 사업 영역이기도 하다. 또한, 배터리 음극재의 핵심소재인 흑연 역시 중국이 전 세계 흑연 생산량의 70%를 차지하고 있다. 우리나라는 흑연을 전량 중국으로부터 수입하고 있어 언제든 '제2의 요소수 사태'가 일어나도 이상하지 않은 형국이다. 한국 배터리 기업들은 배터리 4대 핵심소재(양극재·음극재·전해액·분리막)와 이를 만드는 데 필요한 원료 대부분을 중국에 의존하는 실정이다. 우리나라의 미래 먹거리인 배터리 산업은 정치·외교적 상황과 연동되어 중국 움직임 하나하나에 휘둘릴 수 있는 우려가 크다.

글로벌 공급망의 편재화는 이러한 중국의 독과점 움직임으로부터 시작되었다. 유럽과 미국을 포함한 서방 선진국은 내연기관차 산업을 주도하면서 전기차 시대의 핵심인 배터리 산업을 등한시하였고, 그 결과 전기자동차는 물론 4차 산업 전방위적으로 동아시아 몇몇 나라의 배터리 업체에 의존하게 된 상황이다. 특히 중국이 배터리 원료 공급망을 싹쓸이하자 유럽과 미국의 마음은 조급해졌고, 이것이 글로벌 공급망의 편재화를 가속하는 계기가 되었다. 유럽이나 미국은 새로운 규제 법안을 만들고, 바잉파워를 앞세워 동아시

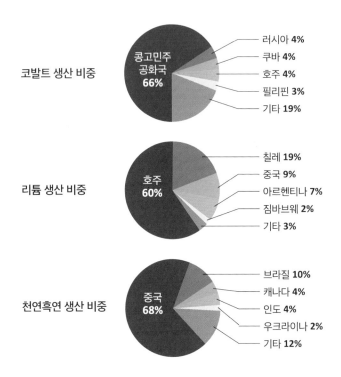

국가별 전략 광물 생산 비중(2018년 기준) >>>   출처: 미국지질조사국 광물정보센터

코발트 생산 비중
- 콩고민주공화국 66%
- 러시아 4%
- 쿠바 4%
- 호주 4%
- 필리핀 3%
- 기타 19%

리튬 생산 비중
- 호주 60%
- 칠레 19%
- 중국 9%
- 아르헨티나 7%
- 짐바브웨 2%
- 기타 3%

천연흑연 생산 비중
- 중국 68%
- 브라질 10%
- 캐나다 4%
- 인도 4%
- 우크라이나 2%
- 기타 12%

아의 배터리 및 소재 업체들이 현지법인을 설립하도록 유도하여 글로벌 공급망의 편재화를 실현하는 작업을 한창 진행 중이다. 좀 더 자세한 이야기는 후술하겠다.

수년간 치밀한 원자재 장악 끝에 중국은 화석연료에서 벗어나는 핵심 열쇠가 된 리튬이온전지의 세계 생산을 지배하고 있다. 에너지 분석가들은 2040년까지 전 세계적으로 판매되는 승용차의 절반 이상이 전기차가 될 것으로 추정한다. 그리고 현재의 추세가 계속된다면 전기차 중 대부분에는 중국 배터리가 채용될 가능성이 크다. 중국은 세계 자동차 산업 체인에서 처음으로 자국이 핵심 부품 제조 분야에서 세계를 주도하고 있다고 자평하며 배터리 분야에서의 지배적인 위치를 더욱 강화하기 위해 결속을 다지고 있다. 중국은 배터리 공급망의 모든 단계에서 주도권을 잡는 데 중점을 두고 있다.

리튬이온전지의 제조는 흑연, 코발트 및 니켈 같은 주요 재료의 공급에 달려 있다. 이미 중국은 세계 흑연의 60% 이상을 생산하고 있고, 전 세계 배터리 원료가격의 열쇠를 쥐고 있다. 전 세계가 핵심 원자재를 한 국가에만 의존해야 한다면 매우 위험한 일이 아닐 수 없다. 코발트는 전기차뿐만 아니라 컴퓨터 및 가전제품에 널리 사용되어 가장 인기 있는 전략 광물 중 하나이지만 중국의 코발트 매장량은 세계 전체의 약 1%에 불과하다. 아프리카의 콩고민주공화국DRC은 세계 코발트의 70% 정도를 생산한다. 실제 콩고민주공화국에서 가장 큰 코발트 광산 14개 중 여덟 곳은 중국 소유이며 여기서 나오는 채굴량이 콩고 생산량의 거의 절반을 차지한다. 실질적으로 중국이 이 은색 금속의 글로벌 공급을 통제하게 되었다는 의미이다. 또한, 중국은 코발트 정제 산업의 약 80%를 지배하고 있기도 하다.

리튬 원자재의 경우에도 중국은 이미 리튬 자원을 가장 많이 보유한 상위 다섯 국가 중 하나이지만 세계 리튬 매장량의 대부분이 발견되는 호주와 남미의 광산 운영 지분도 속속 매입하고 있다. 현재 세계에서 가장 큰 리튬 매장량을 가진 호주의 그린부쉬Greenbushes 리튬 광산의 51%를 소유하고 있으며 칠레에서 가장 큰 리튬 생산업체인 에스큐엠Sociedad Quíimicay Minera, SQM에서 두 번째로 큰 주주가 되기 위해 약 40억 달러 투자를 단행했다.

이처럼 중국은 원료 공급망의 중요성을 오래전부터 인지하고 철저한 전략을 바탕으로 전 세계 원료 광산을 속속 점유하고 있다.

리튬화합물 가공 선두기업인 중국강봉리튬이 확보한 전 세계 리튬 자원 분포도 >>>

출처: 국신증권경제연구소

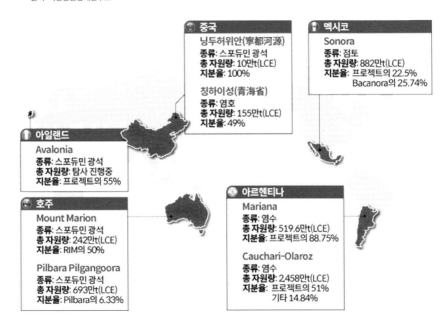

중국
닝두허위안(寧都河源)
종류: 스포듀민 광석
총 자원량: 10만t(LCE)
지분율: 100%

칭하이성(青海省)
종류: 염호
총 자원량: 155만t(LCE)
지분율: 49%

멕시코
Sonora
종류: 점토
총 자원량: 882만t(LCE)
지분율: 프로젝트의 22.5%
　　　　 Bacanora의 25.74%

아일랜드
Avalonia
종류: 스포듀민 광석
총 자원량: 탐사 진행중
지분율: 프로젝트의 55%

호주
Mount Marion
종류: 스포듀민 광석
총 자원량: 242만t(LCE)
지분율: RIM의 50%

Pilbara Pilgangoora
종류: 스포듀민 광석
총 자원량: 693만t(LCE)
지분율: Pilbara의 6.33%

아르헨티나
Mariana
종류: 염수
총 자원량: 519.6만t(LCE)
지분율: 프로젝트의 88.75%

Cauchari-Olaroz
종류: 염수
총 자원량: 2,458만t(LCE)
지분율: 프로젝트의 51%
　　　　 기타 14.84%

2020년 기준 배터리 핵심 원자재 공급망 >>>

출처: 롤랜드버거

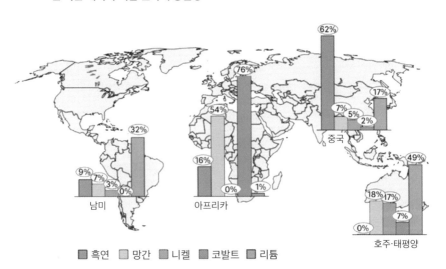

남미　　　아프리카　　　중국　　　호주·태평양

흑연　망간　니켈　코발트　리튬

치솟는
원자재 가격

전 세계적인 환경규제 강화와 탈탄소 전략으로 전기차 시장이 급격히 팽창하면서 이에 따른 배터리 수요의 급증에 따라 리튬이온배터리 원료로 사용되는 주요 광물 가격 또한 급격히 오르고 있다. 특히 양극재 원료로 쓰이는 리튬·니켈·코발트 등 전략 광물의 가격은 천정부지로 치솟고 있다. 영국 런던금속거래소LME에서 거래된 리튬 가격은 2020년 연평균 대비 2021년 12월 말 6.5배 이상 치솟았으며 니켈과 코발트 가격도 2020년 연평균 대비 2021년 12월 말 기준 2.2배 이상으로 급등했다. 특히 광물을 1차 가공하여 배터리 원료 소재를 만드는 중국 업체들이 자국 수요를 우선시하면서 광물 가격이 급격히 오르고 있다. 또한, 러시아의 우크라이나 침공으로 인한 제재와 공급망 붕괴로 코발트와 니켈의 가격이 더욱 급등했다. 전기차용 배터리EVB 가격이 상승한다면 전기차 부문의 성장에도 부정적인 영향을 미칠 수 있다. 그러나 이미 단기적으로 공급에 한계가 있음을 암시하는 징후가 여러 곳에서 포착되었다. 러시아가 우크라이나를 침공하기 전에도 이미 전략 광물의 가격은 수요 증가로 인해 상승하고 있었다.

사실 전략 광물 대부분은 전 세계적으로 매장량이 부족하지는 않다. 니켈은 인도네시아, 호주, 브라질이 가장 많은 매장량을 보이며 전 세계 매장량은 9천5백만 톤 이상이다. 코발트의 경우도 7백6십만 톤 이상의 전 세계 매장량이 확인되었으며 콩고, 호주 및 인도네시아가 상위 지역으로 알려져 있다. 문제는 생산량을 늘리기 위해서는 새로운 광산이 속히 만들어져야 하지만 광산 발견부터 상업화

과거 10년간 니켈 및 코발트 원자재 가격 변동 추이($/Ton) >>> 출처: 트레이딩 이코노믹스

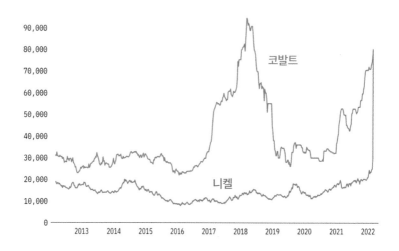

및 운영 단계로 전환하는 데 평균 16.5년이라는 오랜 개발 시간이 소요된다는 점이다. 즉, 수요가 급속히 증가하더라도 공급을 대폭 늘리기 어려운 상황이다.

　결국 전략 광물의 가격 불안정성, 원료 공급망의 편재화, 지리적·정치적 세계화의 퇴조 등은 배터리 산업의 궁극적인 지속가능성 측면에서 많은 의문점을 가지게 한다. 이를 해결하고 준비하기 위해 우리가 해야 할 일은 과연 무엇일지 살펴보고자 한다.

공급망 독과점의
돌파구

　　　　　　2021년 중반 기준, 양극NCM811 소재 기반 배터리팩 평균 비용은 KWh당 약 130달러이다. 배터리 비용은 사용된 셀 기술, 생산 위치 및 가격에 크게 영향을 받지만 대체로 원

료 및 셀 비용은 배터리팩 총비용의 약 75%를 차지한다. 이 중 음극 및 양극 활물질 재료비는 각 셀 비용의 70%를 차지하고, 코발트와 니켈 황산염, 리튬염과 같은 원료 및 정제 재료가 셀 비용의 30% 이상을 차지한다. 이처럼 배터리 가격을 결정짓는 배터리용 원료와 정제 재료의 안전한 공급과 최적화된 공급망 설정은 국가의 산업 존망을 가늠할 수 있는 매우 중요한 잣대가 되었다. 따라서 일부 국가에 제한되어 있는 배터리 원료 공급망을 원활하게 관리하기 위해서는 무엇보다 공급망 전반에 걸친 수직 통합, 전략적 파트너십, 공급망 현지화, 폐쇄 루프 배터리 재활용 기술에 집중을 기해야 한다. 이를 좀 더 자세히 살펴보자.

첫째, 국내 배터리 업계도 광물 생산업체와의 장기계약을 통해 리스크에 대비해야 한다. 장기계약을 통해 안정된 원재료 가격을 유지할 수 있고 안정적 수익구조를 확보할 수 있다. 즉 OEM 및 셀 제조업체는 위험을 완화하기 위해 전략적으로 업스트림 공급망에 대한 참여를 늘려야 한다. 그 방법은 장기 공급 계약부터 파트너십 또는 투자에 이르기까지 다양할 수 있으며 최근에는 전극 활물질 생산업체뿐만 아니라 셀 제조업체 및 전기차 OEM 업체들은 이미 높은 수준의 수직 통합을 목표로 점점 더 채굴 단계에 참여하고 있다. 물론 대체 업스트림을 상정한 리튬이온전지 공급 네트워크를 항시 시뮬레이션하고 대비해야 성공적인 배터리 전략으로 완성할 수 있다.

둘째, 폐배터리에서 원료를 추출해 재활용하는 기술 확보가 시급히 이루어져야 한다. 3장에서도 간략하게 언급한 바 있지만, 폐배터리에서 전략 광물 원료 소재를 추출하는 기술은 지속가능한 독립적 배터리 공급망 확보를 위한 핵심기술이다. 이러한 기술이 완성되어 효율이 극대화된다면, 전략 광물에 대한 해외 의존도를 획기적으로 줄일 수 있어 작금의 공급망 편재화에 대응할 수 있는 교두보가 마련된다. 이러한 측면에서 국내 업체들도 재빠른 움직임을 보이고 있다. LG에너지솔루션은 2020년 미국 GM과의 합작법인을 통해 북미 최대 배터리 재활용업체 리-사이클Li-Cycle과 관련 기술을 협업하기로 했으며 SK온은 폐배터리에서 수산화리튬을 회수하는 기술을 자체 개발해 54건의 특허를 확보했다.

전기차 배터리의 재활용 인프라를 확장하고 개선해야 하는 이유는 여러 가지가 있다. 지속가능성에 도달하기 전에는 재활용 자체가 전략 광물 원료의 공급과 수요의 직접적인 요소가 될 수 있다는 점이다. 즉, 단기적으로 전기차 배터리에서 복구 가능한 재료는 전체 공급량에 비해서는 사소할 수도 있지만 공급이 부족한 상황에서 수요를 충족하는 데에는 중요한 역할을 할 수 있다. 예를 들어 향후 최소 십여 년 동안 지속적으로 나타날 리튬과 코발트 공급 부족 현상을 대응할 수 있는 중요한 포인트가 될 수 있다.

2022년 4월 EU에서는 '지속가능한 배터리법EU Sustainable Batteries Regulation'의 제정을 통하여 리튬이온전지 제조의 모든 과정에서 '지속가능한 기준'을 제시하며 전지 제조 시 재활용 원료 사용을 의무화하는 기준을 마련하였다. 2022년 8월 미국에서 발효된 '인플레이션 감축법Inflation Reduction Act, IRA'은 북미에서 '최종 조립되는 전기차'와 '미국 현지에서 제조되는 전기차 배터리', 그리고 '배터리 생산에 사용되는 주요 광물이 미국 현지 혹은 미국과 자유무역협정을 체결한 국가에서 공급되는 경우'에 한해서만 세금 공제 혜택을 받을 수 있도록 규정했다. 이처럼 배터리 산업 전반에 대한 선진국 각국의

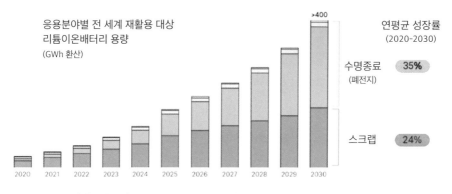

제품별 폐배터리 및 스크랩 발생에 기인한 재활용이 필요한 배터리 용량(GWh) >>>

출처: 롤랜드 버거

응용분야별 전 세계 재활용 대상
리튬이온배터리 용량
(GWh 환산)

연평균 성장률
(2020-2030)

수명종료
(폐전지) **35%**

스크랩 **24%**

2020 2021 2022 2023 2024 2025 2026 2027 2028 2029 2030

>400

□ ESS   □ 전자기기 및 그외(폐전지)   ■ 운송용   ■ 제조 스크랩

정책적 규제는 점점 더 진화하는 추세이다. 이에 따라 배터리 가치 사슬 전반에 속한 기업들은 재활용의 우선순위를 정하고 순환 배터리 경제를 구현해야 할 의무가 점점 더 커지고 있다. 유럽에서는 이미 EU 배터리 지침 초안 8조에서 2030년부터 EV 배터리의 필수 재활용 콘텐츠를 늘릴 것을 제안하였으며 제47조에서는 생산자가 폐배터리의 수집, 처리 및 재활용을 조직하고 자금을 조달할 의무를 규정하는 '생산자 책임 확대'를 다루고 있기도 하다.

셋째, 정부도 배터리 업계에 힘을 보태야 한다. 배터리 소재 공급망 문제 해결을 위해서는 국가가 주체가 돼 경제 안보의 밑그림을 그려야 한다. 사태가 터진 후 땜질 처방에 나서지 말고 미리 밸류체인을 점검하고 자원외교 역량을 높여 수입선을 다변화해야 한다. 동시에 산학연이 총체적으로 협력하여 기존 원료 대신 사용할 수 있는 대체물질 개발에도 적극적으로 나서야 한다. 경쟁 관계에 있는 기업들 역시 각자도생보다는 자원 공급망 정보를 교환하고 협력하면 보다 체계적인 대응이 가능해질 것으로 판단된다. 정부는 리튬·니켈·코발트·희토류 등 핵심 광물을 보유하고 있는 국가와 외교적인 접촉을 통하여 공급 협력을 이끌어내야만 한다.

이처럼 반도체 및 배터리 산업의 핵심 전략 광물은 이미 자원강대국 중심으로 무기화가 진행되어 정치경제외교 전반에 막대한 영향력을 행사하고 있다. 이를 확보하지 못한 나라는 표면적으론 독립국가일지라도 정치경제적으론 특정 몇 국가에 귀속될 수밖에 없는 엄중한 현실이다.

공급사슬의 세계화 퇴조와
지역 블록화

2021년 3월 앵커리지에서 열린 미·중 고위급 회담에서 양측이 벌인 험악한 설전은 미·중 관계의 현주소를 보여주었다. 미국은 중국의 행동이 규칙에 기반한 국제질서를 무너뜨리고 있다고 공격의 포문을 열었다. 중국은 미국이 국가안보 개념을 남용해 국제무역의 미래를 위협하고 있다고 맞받아쳤다. 미국이 신장·티베트·홍콩 등 민감한 문제를 거론하자 중국은 내정간섭이라며 격렬히 반발했다. 이처럼 두 나라의 디커플링(탈동조화)이 전방위로 확산되고 있다. 2006년 중국이 발표한 '중장기 과학기술개발계획'이 디커플링의 시발점이 되어 2015년에는 '중국제조 2025'가 공표되면서 2025년까지 차세대 통신기술 등 10개 전략 분야를 적극 육성해 해당 분야에서 중국이 세계 최고로 올라서도록 한다는 공격적인 계획을 발표했다. 이에 미국은 미국 중심의 공급사슬에서 중국 기업을 배제하는 조치로 맞섰다. 미국과 가치를 공유하는 동맹국 및 파트너들과 새로운 공급망 구축을 위해 협력할 것임을 분명히 했다. 이러한 미·중 사이의 갈등 속에 중국의 배터리 원료 공급망 싹쓸이 움직임은 배터리 및 관련 원료와 관련된 글로벌 공급망에도 당연히 편재화를 더욱 가속화시키는 불쏘시개의 역할을 하게 되었다.

예를 들어, 미국은 중국 이외의 지역에서 더 많은 배터리 생산을 장려하기 위해 중국산 정제 리튬을 사용하는 모든 배터리에 대해 높은 관세를 부과하였다(2022년 미국 IRA 인플레이션 감축법). 중국은 희토류 금속과 같은 중요한 자원의 미국 수출을 제한했다. 또한, 배터리용 광물 자원이 풍부한 아프리카와 라틴 아메리카 국가들은 점점 더 미국과 중국으로부터 대규모 투자를 받아 경제적인 귀속성이 강화되고 있다. 이들 국가 중 일부에는 전략 광물의 편재화가 높기 때문에 이러한 광물의 보안은 미국과 중국 모두에게 가장 큰 관심사이다. 예를 들어, 리튬이온전지에 필수적인 코발트는 콩고민주공화국이 세계 코발트 생산량의 약 70%를 차지하는데, 중국은 이미 일부 광산에 상당한 지분을 보유하고 있다. 미국도 마찬가지로 추가 투자를 통해 광물에 대한 통제권을 행사하려고 시도한다.

중국의 움직임에 맞서 유럽이나 미국은 앞다퉈 배터리 산업 관련 새로운 규제 법안을 수립하고 동아시아의 배터리 및 소재 업체들이 현지법인을 설립하도록 유도하고 있다. 한국 기업들 역시 미국이 재구축하고 있는 공급사슬에 참여할 것을 요구받고 있으며 향후 중국도 똑같은 요구를 할 것이다. 우리에게 전략적 선택을 해야 할 시점이 다가오고 있는 것이다. 당장 미·중 디커플링이 기업의 영업 활동에 미치는 영향은 업종에 따라 차이가 있을 수 있다. 그러나 어느 기업이든 전반적으로 불확실한 경영 환경에 노출되는 상황은 피

전략산업제품 및 광물의 글로벌 공급망 지도 >>>　　　　　　　　　　출처: 보스턴컨설팅

반도체설계자동화 소프트웨어, 핵심지적재산권

반도체 집적회로용 인쇄기술

메모리반도체 공장

실리콘웨이퍼 시장

네덜란드
69%

한국
44%

미국
74%

중국
80%

일본
56%

콩고
70%

대만
92%

리튬광물

10nm이하
미세선폭 반도체
제조공장

칠레
44%

호주
22%

리튬이온전지용 코발트광물

리튬광물

할 수 없을 것이다. 국가안보를 이유로 한 미국과 중국의 제재와 보복 조치에 기업이 직간접적으로 휘말릴 가능성이 커지고 있는 만큼 디커플링 위험에 대응해야 한다. 무엇보다 주요국들의 수출통제조치, 미국의 세컨더리 제재와 같은 개별기업 제재, 공급사슬 재편과 관련된 조치들을 면밀히 추적하고 규범 준수 체계를 구축할 필요가 있다. 또한 각국의 디커플링 조치들이 기업과 공급자에게 미치는 현재적·잠재적 영향을 검토하여 경영은 물론 투자전략에 반영해야 한다. 전체적으로 투자와 무역 측면에서 과도한 중국 의존도를 분산시켜 나갈 필요가 있다. 그러나 국가 간 디커플링으로 경제가 정치화되는 상황에서 기업의 노력만으로 대응하기는 역부족일 것이다. 정부와 기업 간 정보 공유와 총체적 대응이 절실히 필요하다.

중국을 둘러싼 기술 강대국들의
이해관계와 견제

　　　　　　　중국 중심의 배터리 공급망 편재화에 따라 EU와 미국은 발 빠르게 대책안을 수립하고 있다.

　우선 미국의 경우 새로운 규제를 통하여 자국 산업을 보호하고 배터리 자체 공급망을 북미 지역에 구축하려는 적극적인 움직임을 보이고 있다. 바이든 대통령은 후보 시절, 기후변화에 따른 불평등을 해소하겠다는 환경 정의의 가치를 강조하는 청정에너지에 대한 투자 강화에 대한 공약들을 제시한 바 있다. 한 예로서 미 연방정부 기관은 전기차 같은 자국산 친환경 제품 구입을 의무화하는 제도를 도입하여 미국 내 배터리 부품소재 자체 공급망 확보를 유도하고 있다. 이에 국내 배터리 업체들도 앞다투어 미국 현지에 대규모 배터리 공장 건설과 더불어 메이저 자동차 회사와 합작사를 설립하고

**미국 바이든 2050 탄소중립 실현을 위한 행정서명 주요 내용 및
미국 전기차 판매 대수** >>>　　　　　　　　　　출처: 워즈인텔리전스

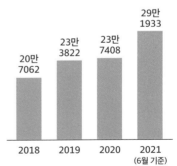

바이든 탄소중립 행정명령 주요 내용

· 2050년 연방정부 차원의 탄소중립 달성
· 2030년 온실가스 배출 65% 감출
· 연방정부 건물은 2030부터 탄소중립
　에너지만 사용
· 자동차 및 트럭 등 연방정부 수송기기
　2035년 전면 전기차로 전환
· 매년 6500억 달러 규모의 탄소중립 상품
　및 용역 구매

미국 전기차 판매 대수(단위: 대)

연도	판매 대수
2018	20만 7062
2019	23만 3822
2020	23만 7408
2021 (6월 기준)	29만 1933

있다. SK온은 포드와의 합작법인인 블루오벌SK 투자 규모를 기존 60GWh에서 129GWh로 두 배 이상 확대키로 하였으며 LG에너지솔루션은 GM과의 합작법인인 얼티엄셀즈에 대한 추가 투자를 통해 2025년까지 합작법인의 생산능력을 80GWh로 늘릴 계획이다. 또한, 한미 양국은 기존의 한미 동맹을 한반도 평화유지 목적에만 국한하지 않고 추가적인 경제안보동맹으로 확대하여 반도체, 배터리 등 국가의 미래 안위에도 지대한 영향을 미칠 수 있는 산업 아이템의 안정적인 글로벌 공급망을 구축하는 움직임을 가속화하고 있다. 미국은 기존 동맹국들과의 군사안보동맹을 경제안보동맹으로 확대하여 중국 중심의 배터리 공급망 편재화를 내버려 두지 않겠다는 의지를 보이고 있다.

EU의 움직임은 2020년 12월 발표된 유럽연합 집행위원회의 신배터리 규제안을 살펴보면 더욱 선명하게 이해할 수 있다. 규제안의 주된 내용은 배터리 생산부터 재활용에 이르기까지 전체 배터리 생애 전주기Life cycle의 친환경성 및 안전성 입증을 EU 시장 진출 조건으로 규정한다. 배터리 밸류체인 전반에 걸쳐 탄소배출량, 윤리적 원자재 수급, 재활용 원자재 사용 등 기준에 부합하는 제품만 EU 내 유통을 허가하는 것이다. 구체적으론 살펴보면 2024년 7월부터 전기차 및 충전식 산업용 배터리의 탄소발자국[*] 공개를 의무화하고 2027년 7월부터 배터리 탄소발자국의 상한선을 제시할 계획이다. 2030년부터는 배터리에 재활용 원자재 의무 사용 비율도 적용된

탄소발자국(Carbon footprint)

제품 및 서비스의 원료 채취, 생산, 수송·유통, 사용, 폐기 등 전 과정에서 발생하는 탄소(온실가스)가 기후변화에 미치는 영향을 계량적으로 나타낸 지표이며 라벨 형태로 제품에 표시된다.

다. 코발트는 12%, 리튬은 4%, 니켈은 4%는 반드시 재활용 원료를 써야만 한다. 이 비중은 2035년에는 코발트 20%, 리튬 10%, 니켈 12%로 높아진다. 결국 EU의 야심은 EU가 배터리 표준을 주도하여 국제표준으로 수립하고 배터리 시장의 패러다임을 EU 기업에 유리한 방향으로 조성한다는 계획이다. 따라서 EU 배터리 밸류체인에 참여하고 있는 기업들도 기술력 및 가격경쟁력이 뛰어난 아시아 기업과 차별화하기 위해 배터리 규제안에 주목하고 있으며 특히 스웨덴은 정부 주도로 배터리 밸류체인 전 주기에 탄소중립을 적용한다는 계획을 세운 상태이다.

국내 배터리 기업 중 가장 대응이 빠른 곳은 LG에너지솔루션이다. 연산 70GW 규모의 폴란드 공장은 이미 2019년부터 재생에너지 100%를 사용해 운영 중이며 미국 공장도 점차적으로 재생에너지 100%를 사용해 운영한다는 계획이다. 국내와 중국 공장은 2025

전 세계 배터리 재활용 시장 규모 전망 및 EU 친환경 배터리 규제안 주요 내용 >>>
출처: 스태티스타, CNBC

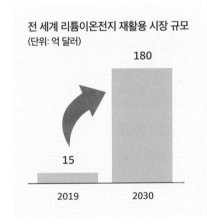

전 세계 리튬이온전지 재활용 시장 규모
(단위: 억 달러)

180

15

2019 2030

EU 집행위의 지속가능한 배터리 기준 제안 주요 내용

· 유럽에서 판매되는 배터리는 2024년부터 탄소발자국 공개

· 2035년부터 코발트 20%, 리튬 10%, 니켈 12%는 재활용 원료 사용

· 폐배터리 수거율 2030년 70%까지 높일 것

년까지 100% 재생에너지 전환을 목표로 하고 있으며 조기 전환하기 위한 방안도 검토 중이다. 삼성SDI도 유럽 공장을 중심으로 재생에너지를 도입하는 방안을 검토 중이다. BMW 등을 비롯한 고객사에서도 재생에너지를 사용한 배터리를 요구하고 있어 조만간 재생에너지 도입을 발표할 것으로 보인다. 이처럼 향후 신규 투자하는 배터리 공장은 재생에너지로 운영하는 것은 물론이고 궁극적으로 탄소중립형으로 전환되어야 경쟁력을 확보할 것으로 판단된다.

배터리 원재료 생산 및 운송 과정에서 발생하는 온실가스 감축도 이제는 신경 쓰지 않으면 사업에서 도태될 수밖에 없는 시대이다. EU는 2024년 7월부터 전기차 및 충전식 산업용 배터리의 탄소발자국 공개를 의무화하고, 2027년 7월부터 배터리 탄소발자국의 상한선을 제시할 방침이다. 2030년부턴 재활용 원자재 의무 사용 비율을 적용한다. 이에 따라 앞으로 배터리 제조공장 부지를 선정할 때 인건비와 지리적 조건 이상으로 친환경 에너지에 대한 접근성이 중요해질 전망이다. 이와 같이 EU는 EU의 배터리 표준을 국제표준으로 수립하고 배터리 시장의 패러다임을 EU 기업에 유리한 방향으로 조성함으로써 EU 자체의 친환경 배터리 공급망을 확보하고 기술력과 가격경쟁력이 뛰어난 아시아 배터리사와 차별화하겠다는 의지를 보이고 있다. 이러한 추세에 따라 이미 국내 배터리 업체들은 부품 소재 협력사의 탄소배출량을 모니터링하기 시작했으며 동시에 재생에너지 전환을 서두르고 있다. 또한 물류 측면에서까지 온실가스 배출량을 최소화할 수 있는 최적의 운송 수단 및 루트도 발굴하고 있다. 국내 배터리 소재 업체들은 소재 생산 공장에 필요한 전력을 재생에너지로 수급하는 공급 계약을 전력 회사 등과 잇

지속가능한 친환경 배터리 3대 요인 >>>　　　출처: 트랜스포트&인바이런먼트 2021

윤리적　　　지속가능한　　　복구, 재사용
자원 확보　　제조순환설계　　및 재활용

배터리 설계 주요 가치 변화 >>>　　　출처: 스몰 메소즈 4, 2020

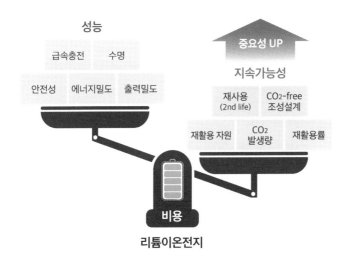

따라 체결하고 있다.

　이처럼 중국의 배터리 공급망 주도에 따른 미국과 EU의 움직임은 결이 약간 다르다. 미국은 경쟁국 중국에 휘둘리지 않고 미래의 자국 경제안보를 확립하기 위하여 자국 내 반도체나 배터리 공급망을 구축하는 것이 우선이다. 즉, 자국 내 배터리 공급망을 구축하기 위하여 한국이나 일본 등 기존 안보동맹국 간의 결속을 활용하는 전략을 보인 반면, EU의 움직임은 미국처럼 원료 공급망을 쥐고 있는 중국만을 향한 목표 설정보다는 전 세계 배터리 산업을 주도하고 있는 한·중·일 아시아 3국에 맞설 수 있는 유럽 자체 공급망을 확보하려는 정책적 전략에 더욱 가깝다.

국내 배터리 3사의
메이드 인 아메리카

국내 배터리 3사가 북미 전기차 시장 공략과 IRA에 따른 정책 수혜를 위해 미국 진출을 결정하면서 소재·부품·장비 업체들도 같이 바빠진 것이 자명하다. 배터리 업체들이 생산 및 공급 안정화를 위해 현지 조달 체계를 구축할 움직임을 보이면서 소부장 업계도 미국 진출을 추진하고 있다.

LG에너지솔루션은 제너럴모터스와 스텔란티스, SK온은 포드, 삼성SDI는 스텔란티스와 합작공장을 통해 현지 생산거점을 대폭 확대하고 있는 추세이다. 이러한 배터리 3사의 양적 성장은 2025년 7월 발표되는 신북미자유무역협정USMCA에 발맞춰 더욱 빨라질 것으로 판단된다. 신북미자유무역협정에 따르면 미국에서 생산되는 전기차에는 북미에서 생산된 부품 비중이 최소 75% 이상을 차지해야 한다. 배터리 3사 미국 공장들의 배터리 양산은 신북미자유무역협정 발효를 전후로 본격화할 전망이다. 이처럼 글로벌 주요 완성차 업체와 맺은 단단한 협력 관계는 국내 배터리 3사가 대규모 투자를 통해 장밋빛 미래를 그리고 있는 주요한 배경으로 꼽힌다. 이러한 추세에 발맞춰 국내 주요 배터리 업체들은 양·음극재 등 핵심소재 기업들에 미국 동반 진출을 적극적으로 제안하고 있으며 이에 따라 소재부품 협력사도 미국 진출을 본격적으로 진행하고 있다.

이는 국내 배터리 업체가 미국 진출을 가시화하면서 사업 경쟁력 강화를 위해 배터리 소재 공급망scm을 현지에 구축하려는 전략으로 판단된다. 이미 국내 배터리 업체들은 미국에 배터리 공장을 건설 중인 상황이고 관련 소부장 업체들도 미국 현지 진출을 추진하고 있다. 우선 양극재, 음극재, 동박 등 핵심소재 업체들이 움직이고 있다.

미국은 중국, 유럽과 함께 손꼽히는 세계 3대 전기차 시장이다. 특히 바이든 정부가 들어서면서 전기차 산업 육성을 위해 자국 생산 우선주의 정책을 추진하고 있는 마당에 미국 현지 진출이 늦어지면 시장 진입 및 경쟁력을 확보하기 어려워질 수 있다. 그에 따라 배터리 소부장 업체들도 미국을 향하고 있는 것으로 해석된다.

이차전지
업체 간 경쟁과 합종연횡

배터리 업체의 소재·부품
내재화 경쟁

배터리 업체들도 자동차 업체들의 거센 가격 인하 요구에 대응하고 이익 확보를 위해 배터리 소재를 자체적으로 공급하기 위한 수직 계열화를 시도하고 있다.

2021년 12월 SK온이 소속된 그룹 내 계열사인 SK㈜가 SK머티리얼즈를 합병한 배경에는 성장성이 높은 핵심 자회사를 흡수해 경쟁이 치열해지고 있는 첨단 소재 시장을 재빠르게 선점하겠다는 포석이 깔려있다. SK머티리얼즈는 2021년 7월 미국 배터리 음극 소재 기업인 그룹14 Group14와 합작사 SK머티리얼즈 그룹14(가칭)를 설립하며 배터리 소재 사업에도 진출을 선언했다. 글로벌 시장에서 수요가 급증하고 있는 배터리 제품의 소재로까지 포트폴리오를 다변화해 미래 성장 동력을 확보하겠다는 것이다. 핵심소재 기업 간 글로벌 경쟁이 치열한 상황에서 적기에 규모감 있는 투자와 사업 전문성 확보는 필수불가결한 요소라는 점도 고려한 듯하다.

2021년 LG에너지솔루션과 분사한 LG화학도 배터리 제조업이 아닌 배터리 소재 분야에서 세계 1위 배터리 소재 회사로 도약하겠다는 목표를 내걸었다. 한 예로 분리막 업체인 일본 도레이와 2021년 10월 합작법인인 LG도레이 헝가리 배터리 세퍼레이터_{LG Toray Hungary Battery Separator Kft} 설립 계약을 체결하여 배터리 분리막 사업에 공식적으로 진출했다. 2015년 도레이에 분리막 사업을 매각했던 LG화학이 6년 만에 분리막 사업을 재개한 것이다. 이로써 LG화학의 배터리 소재 사업은 양극재·음극 바인더·전해액 첨가제·탄소나노튜브_{CNT} 등에 이어 분리막까지 확대되었다. 배터리 4대 소재에

삼성, LG, SK의 배터리 소재 관련 행보 >>>

그룹	시기	내용	금액
삼성	2021년 7월	삼성SDI, 에스티엠 유상증자 참여	1500억 원
	2021년	삼성SDI, 에코프로이엠에 12월까지 240억 출자	240억 원
LG	2021년 7월	LG화학, 2025년까지 전지소재 중신 E-모빌리티 투자	6조 원
	2021년 7월	LG화학, LG전자 분리막 사업 인수	5250억 원
SK	2021년 8월	SKC, 양극재·음극재 사업 진출 검토	-
	2021년 7월	SKIET 향후 5년간 약 5조 원 투자	5조 원
	2021년 7월	SK머티리얼즈, 미국 그룹14와 'SK머티리얼즈 그룹14' 설립	604억 원
	2021년 5월	SK넥실리스, 유럽·미국 투자 결정	7~8000억 원
	2021년 3월	SK넥실리스, 말레이시아에 5만톤 규모 생산거점 건설	7000억 원

적용되는 기술을 모두 갖춘 최초의 기업이 된 것이다.

이와 같은 배터리 업체의 소재부품 내재화 경향은 3장에서 전술한 완성차 업체의 배터리 내재화 움직임과 맥을 같이 하고 있다. 사실상 배터리 사업은 소재사업 경험이 있는 LG화학과 같은 업체가 주도하여 성장했으며 향후 자동차 회사와 형성될 명확한 갑을 관계를 고려하면 이익 실현을 위해서도 소재 사업을 버리긴 힘들 것이다. 특히 최근 들어 배터리 원료 및 부품 공급망이 일부 국가로 편재화되는 움직임에 따라 소재 공급망 확보의 중요성은 날로 커지고 있어 이에 대한 만반의 준비를 해야 할 때이다. 따라서 배터리 업체의 소재사업 내재화 움직임은 현실적으로 충분히 예견된 형국이기도 하다. 소재사업의 내재화는 기존 소재업체에 대한 견제 역할도 가능하므로 배터리 업체 입장에서는 간과할 수 없는 사업 영역이라고 볼 수 있다.

소재-전지-자동차 업체 간
합종연횡

3장에서 전술한 바와 같이 탄소배출 감축이 글로벌 최대 화두로 떠오르면서 내연기관차에서 전기차로의 대전환이 시작되었다. 자동차 업체들은 배터리 업체에 의한 공급망에 전적으로 의존하면서 초도 물량을 소화했다. 하지만 시간이 흐름에 따라 자동차 업체들은 미래 모빌리티 시장 주도권을 갖기 위해 자체적 배터리 생산이 필수 조건임을 점차 깨닫게 되었고, 자동차 업체의 배터리 내재화 움직임이 시작되었다. 자동차 업체의 배터리 내재화에 따라 배터리 업체는 새로운 이익구조를 실현하고 배터리 기술 경쟁력을 확보한다는 측면에서 소재 내재화를 하루빨리 이루어 내려는 움직임을 보이고 있다. 이는 소재업체로서도 배터리 업체 일방향에서 직접적인 구매력을 갖게 된 자동차 업체까지 포함시키는 양방향 고객 지향점을 추구할 수 있다. 결국 소재-배터리-자동차 업체 간 비즈니스 영역은 점차 중첩되고 있다.

하지만 업체군 간 생존을 위한 불가피한 사업 영역의 중첩과는 달리 배터리 생애 전주기를 통한 새로운 비즈니스의 창출에 따른 또 다른 성격의 사업 영역 중첩 현상들도 발생하고 있다.

가령 배터리는 제조되어 전기자동차에 장착되고, 폐차 시에는 남아있는 배터리 잔여수명을 활용하여 전력저장장치 등에 재사용된다. 이후 폐배터리는 몇 가지 물리·화학적 공정을 거친 후에 전략 광물(리튬, 코발트, 니켈, 구리 등) 중심으로 회수된다. 회수된 광물자원은 다시금 양극 혹은 음극 소재로서 재활용하며 배터리 제조에 사용된다. 이처럼 배터리 생애 전주기에 걸쳐 있는 다양한 비즈니스 영역은 기존 소재-배터리-자동차 업체 간 사업 영역의 중첩 현상을 일으키게 된다. 이에 대해 좀 더 자세히 살펴보자.

폐배터리 재활용으로
창출된 새로운 시장

전기자동차의 배터리 재활용 기술에 경쟁이 불붙으면서 폐배터리는 환경파괴범에서 블루오션이 되어가고 있다. 3장에서 간략히 다루었으나 여기서 더욱 자세한 이야기를 해보려 한다.

배터리는 전기차 가격의 30~40%를 차지할 정도로 비싸고, 수명을 다하면 환경파괴를 불러올 수 있다는 우려가 컸다. 폐배터리를 재활용할 수 있다면 배터리 원가도 낮추고 환경오염도 줄일 수 있기 때문에 일석이조의 효과가 있다. 리서치 업계에 따르면 2017년 368만 대였던 글로벌 전기차 판매량은 2025년엔 2,200만 대에 달할 전망이다. 주행 5년차부터는 전기차 교체주기에 들어서는데, 늘어난 판매량만큼 중고가 된 전기차와 중고 배터리(혹은 폐배터리)의 처리가 자칫 골칫거리로 전락할 수도 있다. 중고 배터리에는 환경오염을 불러일으킬 수 있는 다량의 중금속과 유기화학소재가 있으며 언제든지 화재 혹은 폭발로 이어질 수 있는 매우 위험한 가연성 폐기물이라는 인식 때문이다. 하지만, 다행히도 중고 배터리라 해도 곧바로 폐기해야 할 정도가 아닌 것이 대부분이고, 몇 년 사용한 리튬, 니켈, 코발트와 같은 전략적 광물 소재들이 많아 활용할 가치가 높다. 이러한 점 때문에 배터리 및 전기차 업계는 중고 배터리를 재사용하거나 배터리가 망가졌거나 못 쓸 지경에 이르렀더라도 물리·화학적 과정을 통하여 귀한 원료를 추출하여 배터리 소재로 재활용하는 기술개발 경쟁에 속도를 내고 있다. 만약 경제성이 확보된 기술개발이 성공적으로 이루어진다면 배터리 제조업체는 가격 급등 요인이 있는 원자재를 대신하여 원료를 안정적으로 확보할 수 있으며, 가격경쟁력 측면에서도 우위에 설 수 있다. 가령 24kWh급 배터리팩을 재활용하면 개당 약 900달러의 매출을 올릴 수 있는 것으로 분석되며 2021년에만 배터리 주요 원자재인 리튬 가격은 97%, 코발트는 63%, 니켈은 19% 폭등한 점도 폐배터리 시장을 향한 업계의 뜨거운 관심의 이유이기도 하다. 이에 따라 완성차업체, 배터리 제조업체, 배터리 재활용업체들이 재활용 관련 협약을 잇따라 체결하고 관련 기술 투자에 나서고 있다.

배터리업체에서도 별도의 전담 부서까지 조직하고 배터리 재활용·재사용 기술개발에 박차를 가하고 있다. 이르면 2025년 이후부터는 장착된 배터리의 대거 교체주기에 진입하면서 팽창될 국내 폐배터리 시장의 선점을 위해서이다.

LG에너지솔루션은 이미 2018년부터 호주 폐배터리 처리업체인 바이로스트림과 새 배터리를 생산하는 순환 사업을 추진 중이며 2021년 5월 미국 제너럴모터스와 합작법인 얼티엄셀즈를 통해 북미 최대 배터리 재활용업체인 리-사이클과 폐배터리 재활용 계약을 체결, 일찌감치 관련 분야에 뛰어든 상태이다. 이보다 앞선 2020년 6월엔 폐배터리 재사용으로 만든 전기차용 충전 에너지저장장치 시스템을 자사 오창공장에 설치하여 실증 테스트를 진행하여 관련 기술을 축적하고 있다. SK온도 2020년에 폐배터리에서 수산화리튬을 추출하는 기술을 세계 최초로 개발한 바 있으며 폐배터리 재활용 데모플랜트 시범 가동을 시작하고 2025년 상업 가동에 들어갈 계획이라고 한다. 또한 현대차그룹(기아)과의 협업도 가시화되고 있다. 양사는 1년간 실증작업을 거쳐 기아의 EV6에 배터리 재활용 기술을 첫 적용한다고 밝혔다. 기아는 폐배터리를 셀 단위로 분해하고 SK온이 리튬·니켈·코발트 등 양극재용 금속자원을 회수해 전기차 배터리에 재활용하는 방식이다. 삼성SDI는 폐배터리 재활용 업체인 피엠그로우에 지분을 투자하여 전기버스 배터리를 재활용한 ESS 개발 사업 추진을 진행 중이고 폐배터리 재활용 선두기업인 성일하이텍과의 협업도 병행하고 있다.

이처럼 전기차 폐배터리의 쓰임새가 다양하다 보니, 폐배터리 시

국내 배터리 3사의 폐배터리시장 진출 현황 >>>

LG에너지솔루션	- LG엔솔·GM 합작법인 '얼티엄셀즈', 북미 최대 배터리 재활용업체 '리-사이클'과 재활용 계약 체결 - 오창공장에 전기차용 충전 에너지저장장치(ESS) 시스템 설치
SK온	- 폐배터리에서 수산화리튬 추출 기술 세계 최초 개발 - 대전에서 폐배터리 재활용 데모플랜트 시범 가동 계획
삼성SDI	- 폐배터리 재활용업체 '피엠그로우'에 지분 투자 - 폐배터리 재활용 선두기업 '성일하이텍'과 협업

장 전망도 상당히 긍정적이다. 시장조사기관 전망에 따르면 2019년 1조6,500억 원에 머물렀던 글로벌 폐배터리 시장 규모는 2030년엔 20조2,000억 원, 2050년엔 600조 원에 도달할 것이라고 한다. 요즘처럼 리튬이나 니켈, 코발트, 망간 등 국제 광물가격이 요동치는 상황에선, 폐배터리에서 이런 소재를 추출해 재활용하면 배터리 가격 안정도 꾀할 수 있을 뿐 아니라 EU가 추진 중인 배터리 산업의 지속가능성 측면에서도 중요한 역할을 할 수 있다.

폐배터리 재활용 기술개발에 가장 적극적인 테슬라는 연간 전략 보고서 '2020 테슬라 임팩트 리포트'에서 자체 리사이클링 기술로 폐배터리 소재의 92%를 회수할 수 있게 되어 이미 2019년 기준 니켈 1300톤, 구리 400톤, 코발트 80톤을 재활용했다고 발표했다. 이미 테슬라는 네바다 기가팩토리에 자체 배터리 셀 재활용 설비 1단계 설치를 완료하였고 가까운 장래엔 최대 원자재 생산 기업으로 우뚝 올라설 수 있다는 현실성 있는 비전을 보이고 있기도 하다. 유럽도 마찬가지로 전기차업체를 중심으로 유사한 움직임을 보이고 있다. 폭스바겐은 배터리 원자재 회수율을 현재 60%에서 95%로 늘리는 연구를 진행 중이고 독일에 이미 배터리 재활용 관련 시험

공장 가동에 들어갔다.

자동차와 배터리 업체들이 재활용 기술에 발 빠르게 움직이는 이유는 무엇보다 환경파괴로 인한 기업가치 훼손을 미리 방지함과 동시에 원자재 가격 상승 압박을 견뎌내기 위한 돌파구적 성격이 크다. 크고 작은 지정학적 정치적 이슈에 따라 해마다 치솟는 원자재 가격의 불확실성은 자동차나 배터리 제조업체에게는 리스크 요인이다. 따라서 단기적으로는 광산개발 업체와의 제휴가 중요하지만 중장기적으로는 재활용 기술을 활용한 원자재 확보가 배터리 생애 전주기 관점에서의 지속가능성을 실현할 수 있는 중요한 핵심 전략이 될 것이다. 폐배터리 활용 사업이 완성되면 결국 안정된 가격에 연동된 배터리 제조단가를 획기적으로 낮출 수 있을 것으로 판단된다.

배터리 생애 전주기별
신산업의 창출

소재, 전지, 완성차 업체는 서로 협력해야 하면서도 사업 영역에서 다소 중첩되는 부분이 있다. 배터리의 생산, 사용후 배터리의 재사용 및 폐배터리 재활용과 관련한 새로운 비즈니스 부분이다. 이를 배터리 전주기로 놓고 생각하면 새로운 비즈니스 기회들을 떠올릴 수 있다.

먼저 리튬이온배터리의 생애주기를 살펴보자. 이차전지는 제조되면 전기자동차에 장착되고, 폐차 시에는 남아있는 배터리 잔여 수명을 활용하여 전력저장장치 등에 재사용된다. 이후에는 폐배터리로서 몇 가지 물리·화학적 공정을 거친 후에 전략광물(리튬, 코발트, 니켈, 구리 등) 중심으로 회수된다. 이 과정을 거쳐 회수된 광물자원은 다시금 양극 혹은 음극 소재로서 재활용하면서 배터리 제조에 사용된다.

전기차 생태계가 성장하면서 배터리 소재 공급원, 에너지 저장장치 등으로 활용될 수 있는 폐배터리 시장을 선점하기 위한 경쟁이 치열하다. 전 세계적으로 폐배터리 재활용 사업을 위한 완성차업체, 이차전지 및 소재 기업들의 폭넓은 협업 네트워크가 적극적으로 실현되고 있다. 마치 전기차 밸류체인 구축을 위해 완성차·배터리·소재사들이 잇따라 파트너십을 체결하고 있는 것과 비슷한 양상이다. 아직은 배터리·소재 기업이 주를 이루어 형성되고 있는 폐배터리 생태계이지만 점차 철강·비철금속·석유화학·건설 등의 기업군에서 참여하는 기업이 늘어가는 추세이다.

폐배터리 재활용 공정은 물리적인 '전처리 공정'과 화학적인 '후처리 공정'으로 나뉜다. 우선 배터리사, 배터리 소재사에서 나오는 불량품뿐만 아니라 폐차장, 재활용품 수거 업체 등 가져올 수 있는 모든 곳에서 폐배터리를 확보하고, 폐배터리에 남아있는 전력을 완전 방전시키고 안전하게 해체한 뒤 열처리·파분쇄 과정을 거치면 미세한 입자의 블랙파우더Black powder가 제조되면서 전前처리 과정이 마무리된다. 예를 들면, 핵심 배터리 소재인 양극재는 리튬에 니켈·코발트·망간이 화학적으로 결합한 상태이다. 재활용의 핵심기술은 이러한 전략광물 원료들이 화학적으로 결합된 블랙파우더를 분리해내는 후後공정에 있다. 후공정은 크게 건식공정과 습식공정으로 나뉜다. 건식공정은 배터리를 추가 작업 없이 용광로에 넣어서 발생되는 슬러지를 처리하여 유가금속을 회수하는 방법이다. 공

국내외 주요 기업 간 폐배터리 사업 파트너십 네트워크 현황 >>>

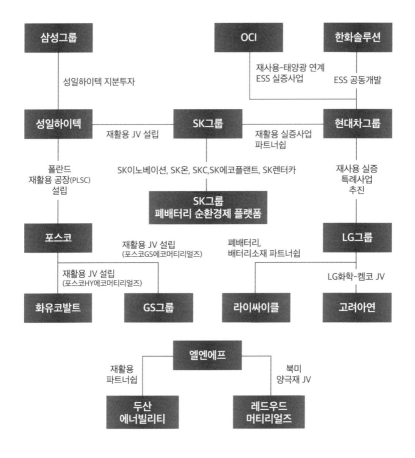

정이 용이하며 작업자의 위험도가 낮다는 장점이 있다. 하지만 금속 회수율이 떨어지는 단점이 있는데 특히 리튬은 회수가 불가능하고, 공정 시 발생하는 유해가스를 처리하는 시설이 필요하다. 이러한 건식공정을 채택한 업체는 벨기에의 오래된 광물회사이며 대표적 양극재 생산 업체인 유미코아Umicore이다. 습식공정은 배터리를 분쇄하여 음극과 양극 분말을 회수하여 산酸 처리를 통해 유가금속을 회수하는 방법이다. 금속 회수율이 높으며 폐배터리를 대량으로 처리할 수 있다는 장점이 있으나 폐배터리 분해 시 감전 위험성이 있으며, 강산성 용액을 다루어야 하기에 산처리 및 누출에 취약하다는 단점이 있다. 국내의 대표적 재활용 업체인 성일하이텍이 습식공정을 채택하여 전 세계 유일하게 폐배터리 대량제조에 성공한 것으로 알려졌다.

이렇듯 배터리 생애 전주기에 걸쳐 있는 다양한 비즈니스 영역은 기존 소재-배터리-자동차 업체 간 사업 영역의 중첩 현상을 일으키고 새로운 계통 구조가 형성되는 시발점이 될 것이다. 이는 다양한 협업 관계를 유도하는 기폭제가 되기도 하며 새로운 비즈니스 모델을 창출하는 계기가 될 것이다. 국내외 배터리 전후방 산업계가 모두 총망라되어 신산업을 향한 적극적인 움직임이 감지되고 있다.

2021년 11월, 스웨덴 배터리 스타트업 노스볼트가 폐배터리 재활용 시장 진출을 선언했다. 유럽 친환경 정책과 보조를 맞추면서 수익성을 높이고 수입산 원자재 의존도를 낮추기 위한 방안으로 풀이된다. 노스볼트는 폐배터리에서 양극재 소재인 니켈, 망간, 코발트 100%를 재활용해 배터리 셀을 만드는 데 성공했다고 발표했으며 향후 정식 폐배터리 재활용 공장을 짓고 연간 12만5천 톤 규모의 배터리 원료를 재활용하겠다고 밝혔다. 이는 전기차 배터리 약 30GWh(기가와트시) 용량분이다. 노스볼트는 폐배터리 재활용 공장을 2023년에는 상업 가동을 시작하여 2030년까지 전체 생산 배터리셀의 50%를 재활용 원료로 만들겠다는 전략이다. 노스볼트는 배터리 업계 후발주자로서 아직까지 대규모 양산 경험이 없다. 그럼에도 불구하고 노스볼트가 폐배터리 재활용 계획을 대대적으로 밝힌 것은 그만큼 배터리 재활용의 산업적 의미가 남다르기 때문일 것이다. 그러나 2023년 현재 여전히 배터리 수율을 올리지 못하는 등 난항을 겪고 있다.

또한 유럽의 친환경 정책에 더해 2021년의 요소수 대란 사태는 폐배터리 재활용 시장을 더욱 앞당기는 기폭제 역할을 했다. 국내 배터리 및 소재 업체가 수입하는 원자재의 대부분이 중국산이기 때문이다. 핵심 전극 소재의 원료인 수산화리튬(82%), 망간(99%), 흑연(88%) 등의 중국산 비율이 80% 이상인 점을 고려한다면 원재료 전반에 대한 중국 리스크 대책은 반드시 수립되어야 한다. 노스볼트 측의 계산도 이와 크게 다르지 않다. 폐배터리 재활용 과정이 확립되면 새 배터리 셀 생산 과정에서 원가 절감으로 더 많은 이익을 얻을 수 있을 것이며 지속 가능한 공급원 확보를 통해 원자재 시장에 대한 의존도도 낮출 수 있을 것이라는 판단이다.

전술된 바와 같이 배터리 제조만 하더라도 기존 배터리업체 외에도 자동차업체가 사업 자체의 헤게모니를 확보하기 위하여 점차 자체 생산 쪽으로 전략적 방향을 구축하는 모양새다. 이외에도 배터리 장착 과정에서도 이미 배터리 렌털 사업이라는 새로운 비즈니스 영역에 대해서 이해 당사자들이 서로의 영역을 점하려는 태세이다. 2021년 초에 이미 현대자동차가 정부 및 물류·배터리·모빌리티 업계와 손잡고 양해각서 MOU, Memorandum of Understanding 를 작성하고 전기차 배터리 대여(리스) 사업 실증에 나서고 있다. 이를 통해 전기차 생애 전주기에 걸쳐 친환경 생태계를 구축하는 것이 목표다.

MOU에 따르면 택시 플랫폼 사업자는 전기차를 구매한 뒤 바로 배터리 소유권을 리스 운영사에 매각하고 택시 플랫폼 사업자는 전기차 보유 기간 동안 월 단위로 배터리 리스비를 지급한다. 택시 플랫폼 사업자는 사실상 배터리값이 빠진 가격으로 전기차를 구매하는 셈이다. 또한 배터리 순환 모델도 실증한다. 전기 택시에 탑재된 배터리를 새로운 배터리로 교체할 때 확보되는 사용후 배터리를 에너지저장장치로 만들어 전기차 급속 충전에 활용하는 방식이다. 전기료가 저렴한 심야 시간대에 ESS를 충전하고, 전기료가 비싼 낮 시간대에 ESS를 활용해 전기차를 충전하며 비용을 절감할 수 있다.

실증 사업을 총괄하는 현대차는 생산한 전기차를 택시 플랫폼 사업자인 KST모빌리티에 판매한다. 이때 배터리 보증은 물론 교체용 배터리 판매도 담당한다. 현대글로비스는 배터리 대여 서비스 운영과 사용후 배터리 회수 물류를 수행한다. LG에너지솔루션은 사용후 배터리를 매입해 안전성 및 잔존 가치를 분석한 후 사용후 배터리로 ESS를 제작해 전기차 급속 충전기에 탑재하고 해당 충전기를

전기택시 배터리 렌탈 서비스 시스템 개요 >>>

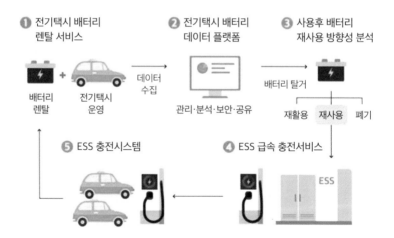

차량 운용사인 KST모빌리티에 판매한다. KST모빌리티는 전기차 기반의 택시 가맹 서비스를 운영하고 택시 충전에 ESS 급속 충전기를 활용하게 된다. 전기택시 운행을 통해 수집되는 주행 및 배터리 데이터는 MOU 참여 기업에 모두 제공한다. 이처럼 배터리 대여 서비스가 상용화되면 전기차 보급이 더욱 확대될 것으로 보인다. 왜냐하면 소비자들이 기존보다 저렴한 비용으로 전기차를 구매할 수 있게 되기 때문이다. 배터리 비용이 제외된 가격으로 차량을 구매한 뒤 배터리 대여 비용만 내면 되기 때문에 초기 구매비용을 낮추는 장점이 있다. 또한 전기차 사용후 배터리의 안전성을 실증하고 잔존 가치 평가 방안을 마련할 예정이어서 전기차 배터리의 재사용 활성화 효과도 기대된다. 전기차 배터리 데이터 공유를 통해서는 연관 신사업도 모색할 수 있다. 자동차 업계에서는 이러한 배터리 대여 서비스가 향후 전기차 보조금이 없는 국가에도 내연기관 자동차와 가격 차이를 줄일 수 있는 비즈니스모델로 확산할 것으로 기대하고 있다.

5장

차세대 이차전지 개발 전쟁

SECONDARY
BATTERY
REPORT

차세대 이차전지의 종류와 개발 현황

배터리 발화 사고로 드러난
리튬이온전지의 한계

2010년대 스마트폰은 우리 생활에 완전히 정착했다. 스마트폰의 폭발적 판매 증가로 인해 리튬이온전지는 전성기를 맞았다. 곧이어 전기자동차가 출시되며 이차전지 시장 성장의 기대감은 더 커지고 있었다. 2016년 10월까진 그랬다. 2010년대에 몇 가지 문제점, 즉 부풀어 오르는 배터리(스웰링 현상), 수명 저하, 휘는 현상 등이 나타났으나 이 문제들은 보다 안정적인 양극 소재, 분리막 소재를 사용하여 개선해 나가고 있었다. 2016년은 리튬이온전지의 성능, 특히 휴대용 파우치셀의 용량과 안전성이 극대화되고 있을 시기였다. 삼성전자에서 2016년 8월 출시한 갤럭시 노트 7에 탑재된 리튬이온전지가 문제가 될지는 아무도 몰랐다. 갤럭시 노트 7은 제품의 디자인, 만듦새나 성능, 기타 기능 등 발화사고만 아니었다면 훌륭한 기기로 평가받았을 것이다. 출시하고 불과 20일이 지났을 때 우리나라 소비자에 의해 최초 발화 신고가 시작되더니, 거의 매일 발화나 폭발 소식이 전해졌다. 기존 리튬이온전지에서 나타나던 발화 상황과는 다른 양상이었다. 기존에는 충전 중 양극 소재의 과충전에 의한 화재, 내부 단락에 의한 화재가 대부분이었다. 사용 중 발화는 소비자의 부주의한 사용이 아닌 리튬이온전지 자체 결함이라는 의미였다. 그해 9월에는 화상을 입는 소비자가 나타나고, 차량이나 집에 화재가 발생하기도 하자 미국에서는 항공기 이용 시 갤럭시 노트 7 휴대를 금지했다. 2000년대 중반 애플이나 델 노트북 화재 시와 유사한 대처였다. 사태가 점차 가속화되자 삼성전자는 출시한 지 54일 만에 갤럭시 노트 7을 판매 중단 및 단

갤럭시 노트 7 화재 사진 >>>

종시키고, 정부의 권고에 따라 화재 원인 규명 및 재발 방지 조치를 취하게 되었다. 손해 배상액과 리콜비용 등 손실액이 7조 원에 가깝다고 알려져 있다.

갤럭시 노트 7 사태 외에도 리튬이온전지 사고는 잇달아 발생했다. 2017년 8월, 전남 고창의 풍력발전 연계용 ESS 화재를 시작으로 2019년 6월까지 총 23건의 ESS 화재사고가 발생했다. ESS의 위치가 사람이 접근하지 않는 곳이라 다행히 큰 인명 피해가 발생하지 않았지만, 리튬이온전지의 폭발 및 화재 가능성은 큰 우려로 다가오게 되었다. 전기자동차에서도 충전 중 화재 사고가 일어나고 있으며 대부분 이차전지 리콜로 해결하고 있는 실정이다.

리튬이온전지의 화재 사고로 인해 리튬이온전지의 개발 방향은 크게 선회하게 되었다. 그간 NCM 기반의 고용량 양극 소재, 흑연 음극 소재의 용량을 높이기 위한 실리콘계 음극재, 10마이크로 정도의 머리카락 두께와 비슷한 분리막 등으로 한정된 부피, 무게당 높은 용량을 바탕으로 높은 에너지밀도의 리튬이온전지를 개발해 보다 오래 사용하는 기술개발 위주였는데 이제는 화재 및 폭발 위험성이 없는 안전한 기술을 확보하는 데 주력하는 전략으로 바뀐 것이다. 폭발이나 화재가 대규모 기업 손실로 귀결되는 사태가 빈번히 일어나고, 리튬이온전지를 생산하는 기업 이미지에도 큰 영향을 미치기 때문이다. 특히 전기자동차는 가장 큰 시장인 미국, 유럽, 중국 등이 안전 규정을 중요시하고 무엇보다 전기자동차 운행 중 사고가 일어난다면 인명 피해가 유발되므로 이제는 리튬이온전지의 안전성이 필수불가결한 조건이 된 것이다.

보다 안전한
이차전지를 찾아서

전고체전지

보다 안전한 이차전지에 대한 요구는 자연스럽게 차세대 이차전지로 불리는 이차전지 후보군에 대한 관심으로 이어졌다. 차세대 이차전지에 관련해서는 여러 가지 후보군이 이미 연구개발을 통해 준비되고 있었고 현재도 진행 중이다. 학계 및 연구소는 리튬이온전지 이후의 시대를 준비하고 있다. 그중 가장 안전하다고 알려진 이차전지는 전고체전지All Solid State Battery이다. 전고체전지는 전지 양극과 음극 사이에 있는 전해질을 액체에서 고체로 대체한 차세대 배터리이다. 에너지밀도가 높고 충전 시간이 빠르며, 안전성이 높고 가격이 저렴하여 차세대 이차전지 중 가장 상용화 가능성이 높다고 평가받는다. 리튬이온전지와 비슷한 양극 및 음극 소재를 적용하고 있으나 리튬이온이 이동할 수 있는 고체전해질 소재를 적용하여 발화성 액체전해질과 분리막이 없어지면서 남는 공간에 에너지밀도가 더 높은 물질을 집어넣을 수 있다.

액체로 만들어진 발화성 유기 전해질은 충·방전 중 양극 소재 및 음극 소재와의 반응과 내부 단락 등으로 인해 화재가 발생할 위험이 있다. 이에 비해 전고체전지는 무기물인 고체로 전해질을 사용하기에 고분자 분리막에 비해 단단할 뿐만 아니라 구멍이 뚫려도 발화 가능성이 없어 폭빌하지 않고 정상작동한다. 전고체전지는 안전성뿐만 아니라 전해질에 대한 다양한 특성 부여를 통해 플렉시블flexible 이차전지, 실과 같은 형태의 와이어Wire 이차전지 등을 구현하

전고체전지 구동원리와 사진 >>>

는 데 최적의 조건을 갖추었다. 전해질에 액체가 없으니 초박막으로 만들 수 있고, 양·음극을 여러 겹 쌓아 고전압·고밀도의 이차전지 구현도 가능하다. 기존 리튬이온전지의 에너지밀도는 255Wh/kg 수준이다. 전고체전지는 충전 전압이 증대해도 전해질에 대한 안전성을 확보할 수 있기에 이론적으로 495Wh/kg까지 에너지밀도가 올라가며 양극이 지니는 대부분의 에너지를 사용할 수 있다고 알려져 있다.

그러나 현재는 고체 형태의 전해질이다 보니 액체전해질에 비해 리튬이온이 자유롭게 이동할 수 있는 정도인 이온 전도도가 낮아 출력이 낮거나 셀 제조 과정에서 추가적인 압축 프레스 공정 등이 요구되는 등 셀 제조 공정이 복잡하다는 단점이 있다. 이에 따라 세계의 연구개발자들은 최대한 리튬이온 전도도를 높일 수 있는 고체전해질 소재를 찾기에 나섰다. 현재까지 개발된 소재 후보군으로 황화물과 산화물, 고분자 3종이 발굴됐다. 이 가운데 황화물 소재가 가장 앞서가는 중이며 일본을 비롯한 우리나라의 삼성SDI, LG에너지솔루션에서도 개발 중이다.

전고체전지의 개념은 1980년대 처음 일본에서 제시됐으나 한동안 빛을 보지 못했다. 동시대에 상용화된 리튬이온전지가 앞서 시장을 점유하였기 때문이다. 그러나 일본은 차세대 이차전지에 대한 연구개발을 멈추지 않고 꾸준히 투자하였다. 특히 도요타는 2008년 차세대 배터리 연구소를 세우면서 정부, 학계와 함께 전고체전지 개발에 두각을 나타내었다. 도요타가 2010년 황화물 전해질을 사용한 전고체전지 시제품을 공개한 뒤로 전고체전지의 전기자동차 채용 가능성이 높아지면서 전 세계적으로 연구가 눈에 띄게 늘었다. 실제 도요타는 전고체전지를 탑재한 전기차를 최초 2020년 출시한다고 했다가 2022년으로 연기한 뒤 다시 2025년으로 연기하고, 전기차가 아닌 하이브리드 자동차에 탑재하겠다는 등 계속 계획을 변경하고 있다. 삼성SDI는 2027년 전고체전지를 상용화할 계획을 발표하였다. 유럽의 자동차 회사들도 전고체전지를 전기자동차에 채용하기 위해 시도하고 있다. 폭스바겐, BMW 등의 주요 완성차 업체들이 전고체전지 스타트업 기업인 미국의 퀀텀스케이프, 솔리드 파워과 합작하여 전고체전지 개발 및 상용화 계획을 연이어 발표하기도 하였다. 그러나 현재의 상황을 보면 기업들이 제시한 기한보다는 좀더 늦게 상용화될 가능성이 높을 것으로 평가된다.

리튬황전지

　리튬이온전지의 사용처가 다변화되면서 전기자동차와 같이 한정된 부피에 높은 용량이 필요한 분야뿐만 아니라 드론과 같이 가볍고 오래 사용할 수 있는 리튬이온전지에 대한 수요도 증가하였다. 가벼운 이차전지를 만들기 위해서는 니켈, 코발트 등의 무거운 원소가 아닌 상대적으로 가벼운 원소를 사용하는 이차전지가 필요하다. 이러한 기대에 맞는 차세대 이차전지가 바로 리튬황전지Lithium-sulfur battery이다. 리튬황전지는 이론적으로 에너지밀도가 현재의 리튬이온전지(약 250Wh/kg)의 약 10배에 해당하는 높은 값(약 2600Wh/kg)을 나타내고 있다. 황은 가벼운 원소일 뿐만 아니라 자원이 풍부하여 가격이 저렴하므로 전지의 제조단가를 낮출 수 있다는 장점으로 인해 높은 관심을 받았다. 1962년 미국 과학자 헐버트 대뉴타Herbert Danuta와 울람 줄리어스Ulam Juliusz가 관련 특허를 취득했지만 지금까지도 상용화되지 못했다. 2000년 이전까지만 해도 삼

리튬황전지 구동 원리와 사진 >>>

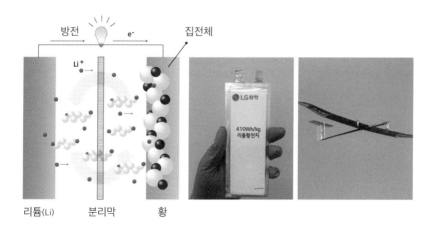

성SDI에서 리튬황전지 연구개발을 진행하였으나, 리튬이온과 황의 화학 반응으로 생성되는 물질이 유기성 액체전해질에 녹아들어 용량과 수명을 저하시키는 문제를 해결하지 못해 결국 상용화되지 못했다. 현재 학계나 연구계에서 전극 및 전해질 소재 개발 위주의 연구개발을 진행 중이다. 가장 상용화가 가까운 이차전지의 형태로는 LG화학이 2020년 드론에 적용하며 2025년 이후 양산할 계획을 발표하기도 하였다.

리튬공기전지

리튬공기전지의 주요 반응은 양극에서 산소와 리튬이온 산화·환원 반응을 반복하는 것만으로 에너지를 저장하고 사용하는 반응이다. 기존 리튬이온전지나 차세대인 전고체전지, 리튬황전지와 달리 양극에서 산소인 기체를 투과하기 위한 이차전지 형태가 필요하다. 산소가 안정적으로 제공된다면 기존 리튬이온전지보다 10배 이상

리튬공기전지의 구동 원리와 사진 >>>

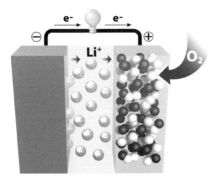

리튬금속 　전해질 및 　탄소
음극 　　　분리막 　　　양극

많은 에너지를 저장할 수 있다. 리튬공기전지가 성공적으로 상용화되어 전기자동차에 적용된다면 한 번 충전으로 서울~부산 거리의 2.5배인 1000km를 달릴 수 있다. 또 산소를 사용하기 때문에 금속을 쓰는 리튬이온전지보다 가볍게 만들 수 있다. 그러나 산소의 산화·환원 과정은 리튬이온전지의 탈삽입 반응과는 달리 많은 에너지를 필요로 한다. 따라서 충전할 때 필요한 에너지와 방전 시 사용 에너지의 차이가 큰 과전압이 발생해 전지 수명이 급격하게 짧아지는 문제가 있다. 그외에도 불용성 반응물$_{Li_2O_2}$의 처리, 낮은 수명 특성, 리튬금속 사용으로 인한 안전성 저하, 공기극의 높은 분극 저항 등의 문제가 있다. 리튬이온전지가 100을 충전하면 99 이상을 재사용할 수 있는 데 반해, 리튬공기전지는 100을 충전하면 현재 기술로는 60을 재사용할 수 있다. 그러한 이유로 현재 차세대 전지 로드맵 중에서 상용화 계획이 가장 늦으며 기술적으로 해결해야 할 과제가 많다.

나트륨이온전지

리튬을 나트륨이나 칼륨 같은 다른 금속으로 대체하거나 폭발성이 큰 리튬이온전지의 단점을 극복하기 위해 안전성이 떨어지는 액체전해질을 다른 물질로 대체하려는 시도가 활발하다. 원자재 가격 상승으로 타격을 받은 리튬과 달리 흔한 물질인 나트륨을 양극재로 사용하는 나트륨이온전지가 주목받고 있다. 나트륨은 리튬 가격의 100분의 1 수준으로 저렴하고, 음극 집전체를 알루미늄으로 대체할 수 있어 원가 절감에 용이하기 때문이다.

다만, 나트륨은 리튬보다 이온 크기가 크고 이론적으로 작동전압이 낮아 에너지밀도가 떨어지는 것이 단점이다. 나트륨이온전지의 에너지밀도는 최대 kg당 500Wh인 리튬이온전지의 3분의 1 수준인 150Wh이다. 리튬이온전지와 같은 전해질을 사용할 경우 화재와 폭발 문제에서도 자유롭지 못하다. 셀당 평균 전압은 3.2V 정도로 리튬이온전지 대비(4.2V) 낮다. 즉, 리튬이온전지 대비 에너지밀도가 낮고 수명이 짧아 가격 경쟁력이 있음에도 상용화에 어려움이 있다. 그러나 작동 온도가 0도에서 150도까지 가능할 정도로 안정적인 장점도 있다. 따라서 고출력을 내지 않아도 되기나 공간 세약이 없는 ESS나 공정용 기계, 통신기지국, 중저가 전기자동차 등에 활용이 가능해 상용화 노력이 계속되고 있다. 특히 잦은 화재로 안전성 문제가 큰 ESS 시장을 키울 수 있을 것으로 기대하고 있다.

세계 최대 배터리 업체인 중국 CATL은 2022년 7월 나트륨이온전지 신제품을 공개하고 2023년부터 양산하겠다고 밝혔다. 업계에서는 나트륨이온전지의 시장 가능성을 확인한 선언이라는 평가가

중국 CATL이 개발한 160Wh/Kg급 나트륨이온전지 및 동사가 개발한 LFP 배터리와의 성능 비교 레이더 차트 >>>

출처: CATL 홈페이지

나온다. 프랑스 티아마트, 영국 파라디온, 미국 나트론에너지 등도 나트륨이온전지를 개발하고 있다.

그럼에도 불구하고 아직은 리튬이온전지

앞서 소개한 새로운 타입의 이차전지 외에도 리튬의 자원 한정성 및 가격 폭등에 대비해 마그네슘, 칼륨 등을 활용한 이차전지들이 연구개발 중이다. 현재 다양한 이차전지들이 연구 중이라는 것은 리튬이온전지가 가장 오래, 가장 안전하게 사용할 수 있는 완벽한 전지가 아니라는 반증이기도 하다.

그렇다면 꿈의 전지는 어떤 조건을 갖춰야 할까. 수명이 줄어들지 않고, 한번 충전하면 일주일 이상 사용할 수 있는 전지를 꿈의 전지라고 정의할 수 있을까? 만약 그러한 이차전지가 개발된다면, 이차전지 회사들은 매년 매출이 성장될까? 현재는 소비자의 모든 희망을 충족하는 꿈의 전지는 개발되지 않았다. 석유의 고갈에 대한 예측이 항상 미뤄지고 있듯이 리튬이온전지의 한계에 대해서도 아직 정확하게 예측되지 않고 있다. 리튬이온전지 역시 계속 진화하고 있기 때문이다. 한편으로는 리튬이온전지가 다양화된 전자제품 분야에 적용되고 있으나 소형, 중형, 대형 분야에 모두 최적화된 시스템이라고는 말할 수 없다.

일부 사람들은 모든 이차전지가 적용되는 분야에 리튬이온전지가 적용되고 있을 것이라고 생각하지만, 분야마다 필요한 특성을 생각하면 리튬이온전지가 모든 특성을 만족시키지는 못한다. 예를 들어 스마트폰은 얇고 안전하고 최소 2~3년은 쓸 수 있어야 한다. 전기자동차는 안전해야 하고 일충전 주행거리가 길고 10년 정도까지 쓸 수 있어야 한다. ESS는 무엇보다 가격이 싸고, 안전하게 사용할 수 있어야 한다. 미래에는 새로운 분야가 등장할 것이고, 그 분야는 또 다른 특성의 이차전지를 요구할 것이다. 그러므로 해당 분야에 적용하기 위해서는 지금 현재 개발되고 있는 차세대 이차전지들이 꼭 필요한 순간이 다가올 것이라고 본다. 그 새로운 분야가 지금의 스마트폰이나 전기자동차처럼 이차전지 시장을 지배할 수도 있다. 리튬이온전지가 오랜 시간 동안 대체되지 않고 있는 것은 이를 대체할 만큼 차세대 이차전지의 수준이 올라오지 않았기 때문이기도 하지만, 리튬이온전지 기술이 계속해서 진화하고 있기 때문이기도 하다. 그러나 새로운 분야가 생긴다면 그 분야에 맞는 새로운 시스템이 필요할 것이고 그때를 준비하기 위한 꿈의 전지 개발은 계속되어야 할 것이다.

연구개발과 상용화 사이의 메꿔지지 않는 간극, 데스 밸리

세계 경제가 광범위한 전기화Electrification로의 전환으로 인해 가전제품, 운송, 의료기기, 주거용 에너지 저장을 포함한 산업 전반에 걸쳐 더 오래 지속되고 더 빠르게 충전되는 배터리에 대한 수요가 폭발적으로 증가하고 있다. 이러한 전환의 배경은 잘 이해되지만, 현실적으로는 배터리 혁신의 속도가 사회적인 요구사항과 보조를 맞추지 못하고 있다.

파리기후협약에 명시된 산업화 이전 대비 온도상승 제한치인 섭씨 1.5도를 5년 안에 넘어설 가능성이 40%에 이른다고 예측하는 보고가 나오는 현 상황의 시급성에 비추어 차세대 배터리를 만들기 위해 낭비할 시간이 거의 없다는 것은 분명하다. 더구나 차세대 배터리가 나왔더라도 이를 완전히 상용화하기까지 10년이 더 걸릴 수 있다는 것을 고려하면 기후 변화에 대응할 수 있을지 의문이다.

차세대 배터리가 자리잡으려면 이렇게 연구개발과 상용화 사이에 존재하는 '죽음의 계곡'을 넘어야 한다. 연구개발 분야에서 말하는 '죽음의 계곡Death Valley'은 오랜 기간 이루어진 연구 성과가 논문이나 명목상의 특허로만 끝나고 상용기술로 이어지지 못하는 기초·원천기술 R&D 성과와 사업화·상용화 사이의 '간극'을 의미한다. 우리의 고민은 한마디로 차세대 배터리 연구개발 투자에 대한 성과를 상용화로 이끌어내는 방안을 찾는 것이다. 차세대 배터리 연구는 오랫동안 진행되어 왔지만 아직까지 현세대 리튬이온전지를 대체할 만큼의 성능이나 가격을 확보하지 못하고 있다. 연구성과는

연구개발과 상용화 사이 '죽음의 계곡'의 단계별 설명 >>>   출처: 오사와, 미야자키, 2006

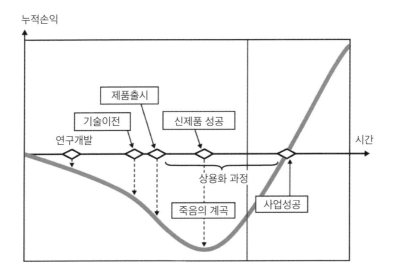

엄청나게 쏟아지는데도 불구하고 상용화의 벽 앞에서는 모든 것이 무용지물이 되고 만다. 왜 그럴까? 이에 대한 고민을 서술해 본다.

지난 수십 년 동안 배터리 전문가, 자동차 제조업체, 공급업체, 투자자 및 완전 전기화를 원하는 사람들은 주로 배터리 화학에 집중함으로써 차세대 배터리를 만들기 위해 전 세계적으로 수십억 달러를 지출하였다. 하지만 업계는 여전히 차세대 배터리의 완성을 방해하는 몇 가지 주요 기술적 과제로 인해 어려움을 겪고 있다.

차세대 배터리 혁신은 왜 아직인가?

첫째, 에너지Energy와 출력Power 간 존재하는 상충관계 때문이다. 하나의 성능이 개선되면 다른 한 성능은 퇴화되는 관계가 배터리 에너지와 출력 간에도 존재한다. 즉, 더 많은 에너지를 저장할 수 있는 배터리로 더 빨리 충방전할 수는 없다. 반대의 경우도 마찬가지이다. 전기자동차의 관점에서 볼 때 단일 배터리가 장거리 및 고속 충전을 모두 제공할 수 없음을 의미한다.

둘째, 양극과 음극 간의 불일치이다. 현재 가장 보편적인 배터리 기술은 리튬이온전지의 셀을 구성하는 한 쌍의 전극인 음극Anode과 양극Cathode의 에너지밀도를 극대화하는 방향으로 개발되고 있다. 여기서의 문제는 음극은 이미 대응되는 양극보다 더 큰 에너지밀도를 갖고 있다는 점이다. 양극 에너지밀도는 가장 많은 에너지저장 용량을 얻기 위해 음극의 밀도와 일치해야 한다. 즉, 양극 에너지밀도를 높이는 데 획기적인 돌파구가 마련되지 않는다면 혁신적인 배터리 기술의 개발에는 한계가 있다는 의미이다. 이 딜레마에 대한 해결책은 더 두꺼운 양극을 가진 배터리를 갖는 것이지만, 더 두꺼운 양극은 배터리의 기계적 및 열적 안정성을 감소시켜 조기에 배터리 고장을 일으키는 원인이 된다. 또한, 에너지밀도를 증가시키기 위해 양극을 더 두껍게 한다면 리튬 확산 거리가 늘어나 출력이 저하된다. 결과적으로 양극의 두께에는 실질적인 한계가 있으며, 이는 양극의 에너지저장을 제한하게 된다.

셋째, 현재 일반적으로 사용되는 리튬이온전지는 앞서 언급한 새로운 전기화 시장이 요구하는 광범위한 응용 분야의 요구를 충족시킬 수 없다. 많은 기업들이 새로운 배터리 화학을 통해 고출력 대 에너지밀도 비율을 다양한 연구를 통하여 해결하려고 노력했지만 대량생산 및 상용화에 필요한 성능 메트릭metrics을 혁신적으로 달성한 기업은 거의 없다. 한 사례로, 수많은 전 세계 배터리 개발 연구자들은 높은 에너지밀도와 출력, 향상된 열 안전성을 동시에 달성할 수 있는 전고체전지를 배터리 기술 최고의 마일스톤으로 간주하고 있다. 물론 전고체전지는 리튬이온전지와 비교하여 가용 에너지밀도가 훨씬 높고 가연성 액체전해질을 사용하지 않기 때문에 잠재적으로 더 안전한 것은 사실이다. 하지만 이 또한 상용화를 달성하기 위해 갈 길이 멀다. 전고체전지의 제조 공정은 기존 리튬이온전지 대비 엄청난 비용이 요구되며 비용 절감을 위해서는 단순 소재 연구개발이 아닌 다학제적인 혁신연구개발이 선행되어야 한다. 특히 향후 몇 년 동안 kWh당 비용 절감을 목표로 하는 자동차 산업의 요구사항을 고려한다면 더욱 갈 길이 멀다.

결국, 배터리 경쟁에서의 진정한 승리는 성능 향상뿐만 아니라 생산 및 비용 절감을 완성하는 것이다. 2027년까지 279.7억 달러에 달할 것으로 예상되는 배터리 시장의 상당 부분을 차지하기 위해서는 저비용 배터리 제조를 대규모로 달성할 수 있는 방법을 찾아야 한다. 기존 제조 라인에 새로운 재료를 통합할 수 있는 '드롭 인Drop-in' 솔루션과 혁신적인 생산 방법의 우선순위를 정하는 것이 중요하다.

궁극적으로 완전한 전기화를 향한 경쟁에서 승리하는 기술은 성능, 비용 절감 및 기존 제조 인프라와의 호환성에 가장 큰 영향을 미칠 것이다. 전체 시스템 관점에서의 접근 방식을 취하고 배터리 설계 혁신에 더 집중하는 동시에 선도적인 신소재 설계를 진행함으로써 우리는 세계가 절실히 필요로 하는 배터리 성능과 신속한 상용화의 다음 단계를 달성할 수 있을 것이다.

차세대 이차전지의
명과 암

2021년 11월 미국 스타트업 SES가 차세대 전기차 배터리를 소개하는 온라인 행사를 가진 직후 배터리 전문가들은 이구동성으로 기술적 완성도에 상당한 의구심을 제기하였다. SES는 당일 행사에서 하이브리드 리튬메탈전지 완성품과 성능 실험 결과 등을 공개하였는데, 이 회사는 현대차그룹, SK, 제너럴모터스 등 대기업이 투자해 일찍부터 유명세를 탔다. '한 번에 700km 주행', '판 바꾼다', '꿈의 배터리 상용화' 같은 제목의 보도도 엄청나게 쏟아졌다. 전문가들이 이의를 제기한 부분은 우선 SES의 배터리 테스트 환경이 허술하다는 논지였다. SES는 스마트폰에 들어갈 만한 소형 배터리의 에너지밀도가 영상 40도~영하 30도에서도 일정하게 유지됨을 증명하는 그래프를 제시했다. 하지만 전문가들은 리튬 금속의 녹는점(189도)이 낮아서 온도가 오르면 폭발 가

회사	퀀텀스케이프	솔리드파워	SES (솔리드에너지시스템)	팩토리얼 에너지
개발 대상	전고체전지	전고체전지	하이브리드 리튬메탈 전지	전고체전지
상장 여부	미국뉴욕증권거래소	미국 나스닥	미국뉴욕증권거래소	-
투자 회사	폭스바겐, 빌 게이츠	SK이노베이션 / 삼성벤처투자, 한온시스템 / 포드, BMW	현대차, 기아, SK / LG테크놀로지벤처스, GM / 중국 지리차, 상하이차	현대차, 기아

능성이 커지는 만큼 60도 이상에서의 성능 실험이 필요하다고 지적했다. 이 외에도 배터리 안전성 검증 시에는 전기차에 직접 들어가는 대형 배터리를 적용하지 않고 폭발 가능성이 낮은 스마트폰용 배터리를 사용한 것도 의심스럽다고 지적했다. 또한 외부 검증의 신뢰도에도 물음표를 던졌다.

이런 사례를 보듯이 전기차 시장 급성장에 따라 핵심 부품인 배터리에 큰돈이 몰리고 있다. '차세대 배터리 개발사'라는 간판을 내걸거나 '관련주'라는 꼬리표만 붙으면 주가가 들썩인다. 그러나 앞서 살펴본 대로 기술개발과 상용화는 시간적으로나 기술적으로나 거리가 있다. 관련 회사에서 유리하게 발표한 청사진을 그대로 믿어서는 안 된다.

장밋빛 전망만 믿었다가 손실로 이어진 사례도 있다. 전고체전지 개발사 미국 퀀텀스케이프는 주당 100달러를 웃돌던 주가가 3분의 1로 떨어졌다. 이 회사는 한때 시가총액이 미국 2위 자동차 회사 포드를 넘어섰으나 기술력이 의심받으며 예전 주가를 회복하지 못했다. 미국 전기차 회사 테슬라 출신이 설립한 배터리 제조사 로미오파워도 회사의 주요 정보를 감춘 채 매출 전망을 부풀렸다는 이유로 집단 소송에 휘말렸다. 이렇게 큼직한 사례만 살펴봐도 줄줄이 나온다. 국내의 경우도 다르지 않다. 따라서 자본시장의 장밋빛 전망과 대기업들의 선행 투자만 믿고 신생 기업에 선뜻 돈을 넣어서는 안 된다. 자체 배터리 기술력이 있는 대기업도 철두철미한 검증 없이 신생 기업에 투자하는 사례가 적지 않기 때문이다. 배터리 분야는 전문적인 지식이 필요하고 기업과 투자자 간 정보의 비대칭 문제도 있는 만큼 비전문가들의 견해를 맹신해선 안 된다.

현세대 및 차세대 이차전지, 공존의 해법

테슬라는 기존의 배터리로도 충분히 그들이 목표로 하는 성능과 가격을 맞출 수 있다고 자신하고 있다. 2020년 9월 세상의 이목을 집중시킨 테슬라 배터리 데이에서 가장 중요한 포인트는 결국 원가절감을 통한 25,000달러(약 3,200만 원) 전기자동차 생산을 통해 시장을 확대하는 전략으로 요약된다. 시장에서 기대했던 전고체전지 같은 차세대 배터리에 대한 기술 내용은 발표되지 않았지만 100만 마일(161만km) 배터리에 대한 암시는 제시되었다. 또한, 배터리 및 다양한 혁신 공정을 통해서 배터리와 완성차 생산 비용을 얼마나 빠르게 낮출 수 있을 것인가가 핵심이었다.

테슬라는 기존 음양극 소재 혁신 기술 외에도 새로운 폼팩터Form factor 적용, 공정혁신(건식형 전극기술, 탭리스 집전기술 등), 생산공정혁신 등을 통하여 주행거리를 40% 확대하고, 비용을 49% 감소시킬 계획이라고 발표하였다. 그리고 셀과 자동차 바디를 하나로 통합하는 CTCCell to Chassis 기술을 통하여 7% 정도의 배터리 원가를 추가적으로 하락시킬 것이라고 발표하였다.

테슬라는 왜 전고체전지 같은 차세대 배터리를 언급하지 않았을까? 이에 대한 대답은 충분히 언급되었다고 본다. 즉 공정혁신, 기존 소재의 업그레이드 정도로도 현재 리튬이온전지 체계로 시장이 요구하는 성능을 충분히 확보할 수 있다는 계산인 듯하다.

신형 폼팩터(원통형46800) 리튬이온전지의 저가격화 요인들 >>>
출처: 2020년 9월 9일 테슬라데이 발표

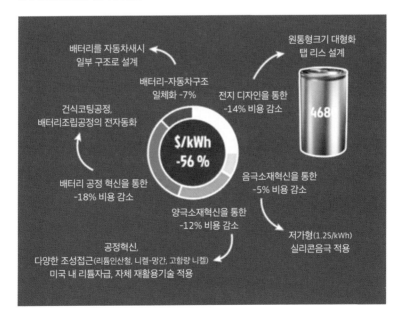

> ### ✦ 여기서 잠깐! ✦
>
> ## CTP와 CTC 기술은 얼마나 중요할까?
>
> CTP나 CTC는 전기차 배터리의 구조를 최적화해 시스템의 에너지밀도를 높이고 주행거리를 늘리는 방법이다.
>
> CTP 기술은 중국 CATL, BYD를 중심으로 적용되고 있는 차세대 배터리이다. 배터리는 셀 → 모듈 → 팩의 단위로 구성되는데, 보통 셀을 10~20개씩 묶어 모듈을 만들며 모듈 8~40개를 묶어 배터리 셀을 만든다. CTP는 모듈을 아예 없애거나 모듈의 대형화를 통해 배터리팩의 집적도를 향상시킴으로써 팩이 공간 활용율과 에너지효율을 효과적으로 개선한다.
>
> 배터리 업계는 표준화 모듈에서 벗어나 CTP 기술개발 중이며, 최종적으로는 완성차 업체와의 공동 설계를 통한 CTC로 가려는 계획이다. CTC에 근접한 회사로는 테슬라, BYD, 립모터가 꼽힌다. 테슬라는 배터리데이에 공개한 CTC 기술을 모델Y에 탑재할 예정이다. 배터리를 차체 구조의 일부로 사용하고, 기존 운전석 바닥 대신 배터리 상단 덮개에 시트를 직접 설치하는 방식으로 부품을 370개로 줄이고, 무게는 10%, 연료비는 7% 감소할 것으로 예상한다. LG에너지솔루션은 CTP 기술개발을 완료하였고 2025년 적용 예정이라고 밝혔다. CATL과 BYD는 CTP 배터리를 출시하였으며 역시 2025년까지 CTC 상용화 로드맵을 발표했다.

이처럼 차세대 배터리 기술은 상용화에 성공할지라도 기존의 리튬이온전지 시장을 단숨에 모두 대체하기는 사실상 어려울 것이다. 상용화 초기엔 성능은 우수하지만 가격이 너무 비싸다거나 혹은 가격은 저렴하지만 성능이 다소 열세라는 등 성능 대비 가격 비율 관점에서 시장에서의 냉정한 평가가 이루어질 것이며 이후의 가능성도 시장이 판단할 문제이다. 이러한 차세대 배터리가 시장에서 평가받는 동안에도 리튬이온전지 역시 극한의 한계를 넘기 위한 지속적인 기술개발을 할 것이다. 이러한 과정을 통하여 현세대 배터리와 차세대 배터리 간에 형성된 '죽음의 계곡'을 자연스럽게 극복하고, 차세대 배터리가 시장에 연착륙할 수 있도록 준비시키는 것만이 미래 배터리 연구개발에 지속적인 동기부여를 할 수 있다.

한편 국내외 산업계에서는 배터리 기술 인력의 부족을 이구동성으로 외치고 있다. 여기서 중요한 것은 배터리 기술 인력 양성을 과거와 같은 틀에서 진행해서는 안 된다는 점이다. 지금까지 차세대 배터리 연구를 오랫동안 진행했음에도 상용화의 벽에 번번이 무너지고 애써 개발된 기술이 시장의 외면으로 사장된 이유는 배터리 기술개발의 안이함 때문도 있지만, 이면에는 대학의 인력양성체계가 갖는 근본적인 문제도 있다. 배터리는 소재 기술이 근간이 되는 제품 영역이지만, 최근 들어 시장에 새로운 임팩트를 가져오는 기술들은 신소재보다는 새로운 배터리 설계 및 공정기술이 대부분이다. 예를 들어 중국 BYD는 블레이드 배터리 설계를 통해 배터리 시스템 중간 모듈 단계가 없는 CTP Cell to Pack 기술로 팩 에너지밀도 향상 기술을 상용화하였다. 또한 미국 테슬라는 탭리스 기술로 배터리 내 전자 이동거리를 단축하여 충·방전 시 발생하는 발열량을 최소화할 수 있는 신형 원통형 4680 규격을 제안하여 업계 표준을 선도하였다. 이처럼 배터리 성능혁신을 가져올 수 있는 기술적 해법이 소재는 물론이고 공정 및 시스템 관점에서도 광범위하게 이루어져야 한다. 하지만 대학의 인력양성체계는 여전히 신소재에 국한된 석박사 양성 위주이다. 신소재에 국한된 기술개발을 하면 상용화전 단계에서 발생하는 여러 기술적 이슈를 해결하는 데 한계에 부딪히고, 그 시점에 시스템 엔지니어링 기술을 동원하려면 처음부터다시 시작해야 하는 상황에 직면하게 된다. 즉, 배터리는 다양한 다학제적 원리가 포함된 제품이므로 배터리 전체 시스템을 이해하고 이에 맞는 각 전문분야의 엔지니어링 단계 기술이 체계적으로 연결되어 기술개발이 이루어져야만 앞서 언급된 죽음의 계곡을 무사히 통과할 수 있을 것이다.

차세대 이차전지 상용화를 위해 나아갈 길

리튬이온전지는 현존하는 이차전지 중 가장 성능이 우수하고 폭넓게 사용되고 있다. 앞에서도 언급한 바가 있지만 리튬이온전지는 앞으로도 상당 시간, 최소한 십수 년이나 그 이상 이차전지 시장을 장악할 것으로 예측된다. 특히 리튬이온전지가 지속적으로 사용될 부분은 전기자동차와 모바일IT 분야일 것이다. 한편, 이차전지의 응용 분야는 무궁무진하게 넓어지고 있다. 모든 분야에 리튬이온전지 한 가지를 사용하는 것은 좋은 전략은 아니다. 리튬이온전지의 한계에 따라 새로운 이차전지에 대한 요구는 항상 있다고 본다. 그렇다면 차세대 이차전지의 연구와 상용화를 위해서는 어떤 노력이 필요할까?

앞서 살펴보았듯이 한창 연구 중인 차세대 이차전지에는 전고체전지, 리튬황전지, 금속공기전지, 레독스흐름전지, 나트륨이온전지 등이 있다. 이들 시스템은 어느 정도 셀 구성이 정해져서 연구가 진행되고 있는 시스템이며, 이외에도 다양한 형태의 새로운 이차전지가 연구되고 있다. 불행히도 이들 중 우리나라에서 컨셉이 제안된 이차전지 시스템은 없다. 우리나라의 원천기술력 혹은 원천기술에 대한 투자 미비를 보여주는 사례라고 생각된다. 하지만 일본의 수출 규제, 한국의 선진국 진입 등을 계기로 인식이 바뀌고 있고, 앞으로는 원천기술력도 획기적으로 향상될 것으로 기대한다.

셀 구성이 어느 정도 정해져 있다고 하나 차세대 이차전지의 개발에는 아직 많은 장애물이 존재한다. 전고체전지를 예로 들어보면, 실험실에서는 제한적으로 작동하는 전고체전지가 있으나 상용화로 가기에는 너무나 많은 장애물이 존재하고 있다. 우선 고체전해질의 이온 전도도가 아직은 너무 낮다. 따라서 전지 내부에서 리튬이온의 이동이 쉽지 않다. 여러 고체전해질 종류 중 상대적으로 이온 전도도가 높은 것은 황화물계 고체전해질이다. 앞서 리튬이온전지 양극 중 티타늄설파이드$_{TiS2}$ 관련해서 언급했듯이 황화물계 물질들은 대기와 수분에서의 안정성이 취약하다. 그래서 황화물계 고체전해질은 상용화에 어려움이 따른다. 이뿐만 아니다. 양극 및 음극 전극 내부에 이온전달 경로가 형성되지 않아 이 공정을 별도로 만들어주어야 한다. 복합 전극 제조 공정이라고 한다. 액체전해질을 사용하는 리튬이온전지의 경우 액체가 전극 전체적으로 스며들어 이온 전달 경로가 자연스럽게 형성되지만, 고체전해질을 사용하는 경우 스며드는 현상이 없기 때문에 연구자 혹은 생산자가 만들어줘야 한다. 또한 반응이 일어나는 계면의 환경이 기존 전지와 달라졌다. 기존은 액체-고체 계면이었다면 전고체전지에서는 고체-고체 계면이고, 계면에서 나타나는 반응의 성격이 달라진다. 조금 전문적인 이야기가 되었는데 얘기하고자 하는 요점은 기존의 이차전지 반응, 메커니즘과는 매우 다른 현상과 해결책이 제시되어야 한다는 것이다.

이들을 해결하기 위한 기술들은 어디서 나올까? 다시 원천기술력으로 돌아갈 수밖에 없다. 기존 리튬이온전지 중심으로 연구개발이 되어왔던 기술들도 상당 부분 활용할 수 있으나 해결이 되지 않는 부분은 기존 이차전지 기술에서는 찾지 못하는 경우가 상당히 많다. 반응 메커니즘이 달라지니 해결책도 달라져야 한다. 새로운 기술의 접목이 필요한 분야에서는 원천기술력을 가지고 있을 경우 유리해진다. 잘 풀리지 않은 문제에 해결책을 제시하려면 원천기술력을 동원하여 다양한 시도가 이루어져야 하며, 또한 의미 없는 시도를 줄이기 위해 계산 과학을 통한 예측, 고도 분석 기술을 동원한 검증 및 이해가 필수적으로 수반되어야 한다. 원천기술력을 동원하여 실험실에서 문제 해결책을 찾으면, 이를 대규모화하기 위한 공정기술개발과 상용화하기 위한 노력이 필요하다. 연구실 단위에서 진행된 실험들이 대규모 공정으로 들어갈 경우 다시 많은 문제점이 생긴다. 이를 최적화하여 대량생산에 적합하게 연구개발하는 것은 또 다른 일이다. 또한, 상용화 기술도 매우 어렵다. 다행히 이런 분야에서는 우리 기업들이 상당히 경쟁력을 가지고 있다. 과거부터 이어져 온 선택과 집중, 그리고 추격형 연구의 긍정적인 결과라 생각된다. 따라서 우리가 취약한 원천기술력에 좀 더 노력을 기울이는 것이 차세대 이차전지 분야에서 우위를 점할 수 있는 좋은 전략일 것이다.

새로운 시장,
폐배터리

배터리 재활용을 통한
핵심소재 확보 경쟁

　　　　　최근 전기차의 배터리를 재활용하는 기술 경쟁에 불이 붙고 있다. 배터리는 전기차 가격의 30~40%를 차지할 정도로 비싸고 수명을 다하면 환경파괴를 불러올 수 있다는 우려가 높았으나 폐배터리를 재활용하면 배터리 원가도 낮추고 환경 오염도 줄일 수 있어 일석이조의 효과가 있다.

　리서치 업계에 따르면 2017년 368만 대였던 글로벌 전기차 판매량은 2025년 2,200만 대에 달할 전망이다. 지금까지 배터리 업계가 전기차 판매에 집중했지만 앞으로는 시장에 나온 전기차의 운행 햇수를 고민해야 할 시대가 도래되었다. 업계에선 주행 5~10년 뒤(15만~20만km를 주행)부터는 교체주기로 들어설 것으로 예상한다. 중고

(폐)배터리는 환경오염을 불러일으킬 수 있는 다량의 중금속과 유기화학소재를 포함하고 있고, 언제든지 화재나 폭발로 이어질 수 있는 위험한 가연성 폐기물이라는 인식이 있다. 하지만 다행히도 중고 배터리는 중고라고 해도 아예 사용하지 못할 만큼 망가지지도 않고, 리튬·니켈·코발트와 같이 전략적 광물 소재들이 여전히 많이 담겨 있다.

폐배터리 재활용 기술에서 앞서나가는 곳은 미국의 레드우드 머티리얼즈Redwood Materials이다. 테슬라 창업 멤버이자 최고기술책임자CTO였던 JB 스트로벨JB Struabel이 2017년 창업한 회사이다. 이미 테슬라와 손잡고 리튬·코발트·니켈 같은 원재료를 회수하고 있다. 아마존, 빌 게이츠 등으로부터 7억 달러 이상의 투자를 받았다.

테슬라 역시 폐배터리 재활용에 적극적이다. 테슬라는 '2020 테슬라 임팩트 리포트'에서 자체 리사이클링 기술을 통해 2019년 기준 폐배터리 소재의 92%를 회수할 수 있게 됐다고 밝힌 바 있다. 테슬라는 2020년 말 네바다 기가팩토리에 자체 배터리 셀 재활용 설비 1단계 설치를 완료했다. 이를 두고 전기차 전문매체 일렉트릭Electric은 '테슬라가 최대 원자재 생산 기업으로 올라설 수 있을 것'이라고 평가했다.

폭스바겐도 배터리의 원자재 회수율을 60%에서 95%로 늘리는 연구를 진행 중이며 독일에 이미 배터리 재활용 관련 시험공장 가동에 들어갔다. 헤르베르트 디스Herbert Diess CEO는 2021년 9월 독일 뮌헨에서 열린 IAA모빌리티 2021에서 배터리팩을 가정용 전력센터와 급속충전기 등 새로운 용도로 재활용할 것이라고 밝혔다.

국내에서는 현대자동차그룹이 SK이노베이션과 손잡고 전기차 배터리 재활용 연구를 진행 중이다. 두 회사는 2021년 8월 출시된 기아 EV6에 배터리 재활용 기술을 첫 적용했다. 기아는 폐배터리를 셀 단위로 분해하고, SK이노베이션이 리튬·니켈·코발트 등 양극재용 금속자원을 회수해 전기차 배터리에 재활용하는 방식이다. SK이노베이션이 폐배터리의 리튬을 고순도의 수산화리튬 형태로 회수하는 기술을 개발해 54건의 특허를 출원했다. 2025년이면 연간 30GWh(아이오닉5 롱레인지 약 41만 대 분량)의 배터리를 재활용해 약 3,000억 원의 이익을 얻을 것으로 예상하고 있다. LG에너지솔루션도 2018년부터 호주 폐배터리 처리업체 인바이로스트림과 새 배터리를 생산하는 순환 사업을 추진하고 있다. LG와 제너럴모터스가 합작해 세운 얼티엄셀즈가 캐나다 리튬이온전지 재활용 기업인 리-사이클과 배터리 재활용 계약을 맺기도 했다. 삼성SDI는 폐배터리 재활용 업체인 피엠그로우에 지분을 투자하여 전기버스 배

기아가 SK이노베이션과 폐배터리 재활용 기술을 첫 적용한 EV6 >>>

출처: 기아자동차 홈페이지

터리를 재활용한 ESS 개발 사업 추진을 진행 중이며 폐배터리 재활용 선두 기업인 성일하이텍과의 협업도 병행하고 있다. 성일하이텍은 2021년 7월 헝가리에 유럽 최대 규모의 전기차 폐배터리 재활용 공장을 완공한 국내 폐배터리 재활용 분야의 선두 기업이며, 성일하이텍에 대해 블룸버그 통신은 24KWh급 배터리팩을 재활용하면 개당 약 900달러의 매출을 올릴 수 있다고 분석했다. 아이오닉5 롱 레인지 모델(72.6KWh)의 폐배터리 하나로 약 315만 원을 벌 수 있다는 계산이다. 시장조사업체 SNE리서치는 전 세계 전기차 배터리 재활용 시장이 2030년에는 12조 원, 2040년에는 87조 원에 이를 것으로 전망하고 있다.

폭발적으로 성장하는
폐배터리 시장

전기차 폐배터리의 시장 전망도 상당히 긍정적이다. 2019년 1조6,500억 원에 머물렀던 글로벌 폐배터리 시장 규모는 2030년엔 20조2,000억 원을 거쳐 2050년엔 600조 원에 도달할 전망이다. 리튬, 니켈, 코발트, 망간 등 국제 광물가격이 요동치는 상황에 폐배터리에서 이런 소재를 추출해 재활용하면 가격 안정을 꾀할 수 있다는 장점도 있다.

폐배터리 재활용은 환경 파괴로 인한 기업가치 훼손을 미리 방지하며 동시에 원자재 가격 상승에 대한 돌파구가 될 수 있다. 한국광물자원공사에 따르면 리튬 가격은 2021년에만 243%나 뛰었다. 니켈은 43%, 코발트는 60% 가까이 올랐다. 자동차나 배터리 제조업체 입장에서는 단기적으로는 광산개발 업체와의 제휴가 중요하지만 중장기적으로는 재활용 기술을 활용한 원자재 확보가 배터리 생애 전주기 관점에서의 지속가능성을 실현할 수 있는 중요한 핵심전략이 될 것이다. 폐배터리 활용 사업이 완성되면 안정된 가격으로 배터리 제조단가를 획기적으로 낮출 수 있을 것으로 판단된다.

이차전지가 여는
새로운 미래 시장

탄소를
줄여라

지구 전체에 위협으로 다가오고 있는 기후변화의 재앙에서 벗어나기 위해서는 탄소중립은 하루빨리 이루어야 할 키워드가 되었다. 탄소배출량이 많은 항공업계도 예외일 수는 없다. 유럽연합은 항공사의 탄소배출 감축을 유도하기 위해 탄소세를 부과할 예정이다. 그에 따라 항공업계는 환경친화적인 연료로 전환하고 '친환경 항공기' 개발에 열을 올리고 있다. 탄소배출의 주범으로 낙인찍혀온 자동차 업계가 전기와 수소를 동력으로 하는 차를 만들어 낸 것과 같은 맥락이다. 현재 항공산업이 전 세계 온실가스 배출량에서 차지하는 비중은 2.5% 정도에 불과하지만, 국제민간항공기구ICAO는 2040년 항공기 운항의 증가로 항공산업의 온실가스 배출량 비중이 4배 이상 증가할 것이라고 전망했다. 향후 친환경 자동차와 선박, 버스, 산업계의 탄소 저감 공법 등이 상용화되면 항공업계가 배출하는 탄소의 비중은 높아질 수밖에 없을 것이다. 이에 항공업계는 2050년까지 이산화탄소 등의 배출을 지금보다 75% 감축하겠다는 목표를 세우고 연료 효율성을 높인 신형 항공기 도입 등으로 탄소 감축 노력을 하고는 있지만, 그것만으로는 탄소배출량을 크게 낮추기엔 부족하다. 결국 전기나 수소를 동력으로 하는 친환경 항공기를 만들거나 화석 연료가 아닌 지속가능한 대체 연료를 써야만 탄소배출 감축 목표를 달성할 수 있다는 계산이다. 미국 항공업계는 우선 단거리 노선은 전기항공기로 운항하려는 움직임을 보이고 있다.

　미국 유나이티드항공United Airlines은 스웨덴 하트에어로스페이스가 만드는 19인승 전기항공기ES-19 100대를 사전 구매하고, 이 회사에 대한 투자 확대를 계획 중이다. ES-19는 한 번 충전으로 최대 250

24시간 유인 비행에 성공한 스위스 EPFL의 솔라 임펄스(좌), 미국 나사의 전기항공기 X57(우) >>>

마일(약 400km)까지 운항할 수 있으며 2026년 상용화를 목표로 하고 있다. 해당 항공기가 상용화되면 주요 공항과 지역 공항을 잇는 단거리 노선 100여 개에 투입할 계획이다. 미국 아메리칸항공도 영국 버티컬 에어로스페이스가 생산하는 전기항공기 350대를 사들이는 사전 구매 계약을 체결했다.

전기비행기 시장도 초창기 전기자동차와 마찬가지로 출퇴근용 자동차나 도심형 버스와 같이 짧은 운행 거리에 투입되는 운송수단에 우선적으로 전기비행기를 적용한 후 향후 배터리 기술이 발전하여 중장거리 비행이 가능해지면 대륙 간 여객기에도 점차적으로 도입할 것으로 기대된다.

하지만 현재의 배터리 기술로는 자동차를 이동시키기에는 충분하지만, 항공기를 날리기엔 부족하다. 현시점에서 5인 미만의 승객을 태운 전기항공기는 상용화가 되었다. 실제 항공사들도 단거리 소형 전기항공기 도입을 계획하고 있고, 도시와 도시를 연결하는 단거리 노선에 소형 전기화물기를 띄우겠다는 발표를 했다. 리튬이온전지보다 더 높은 에너지 밀도를 갖는 리튬황과 연료전지를 사용하는 연구도 이어지고 있으며 기술적으로는 중대형 항공기를 이차전지 등으로 날리는 것은 가능하다. 스웨덴에서는 19인승으로 400km를 운항할 수 있는 기체가 2026년쯤 상용화될 것이라는 전망도 나오고 있다. 하지만 기술적 발전이 된다고 해도, 정부나 항공 당국의 감항인증(비행에 적합한 안전성과 신뢰성, 기술 등을 갖췄다는 인증)을 받는 것은 또 다른 숙제이다. 그리고 전기비행기를 과연 항공사들이 얼마나 도입할지도 의문이고 경제성의 문제도 남아있다. 최근에 이르러 기존의 화석연료 기반 엔진과 전기 모터 등을 결합한

하이브리드 방식의 여객기가 대안으로 제시되고 있다. 하이브리드 항공기는 하이브리드 자동차와 비슷한 원리이기 때문에 친환경성을 강화한 기존 엔진으로 비행을 하되, 필요에 따라서는 전기 동력으로 모터나 비행기 유지 장치 등을 돌린다. 하이브리드 방식은 어느 정도 크기의 여객기를 멀리, 또 오래 날릴 수 있을 것으로 기대되고 동시에 전기 에너지를 사용하기도 하니 탄소배출을 크게 저감할 수도 있기 때문에 현실성 있는 대안으로 판단된다.

군대, 총알보다
배터리

조만간 전쟁터에선 총알 대신 배터리를 찾는 목소리가 들리게 될 것이다. 대한민국 육군이 제시하고 있는 미래형 보병 전투 체계인 워리어플랫폼을 보면 야간투시경·레이저 표적지시기 등 전기로 돌리는 군사용 전자장비가 수두룩하다. 여기에 스마트폰을 기반으로 한 소부대 전투 지휘체계까지 나오면 장병이 여분의 배터리를 챙기는 것은 필수가 될 것이다. 미국 육군의 예를 들면 아프가니스탄전에서 보병이 72시간짜리 작전을 나갈 때 보통 70개의 배터리를 챙겼다고 한다. 배터리는 보병 한 명의 군장(평균 36kg)에서 무게 기준 약 20%(7.7kg)를 차지할 정도로 매우 무겁다. 자동차 시장에서 전기자동차가 대세이지만, 무기 시장에서 전기는 아직도 검토 대상일 뿐이다. 생명을 담보로 한 전쟁터에서 믿음이 가는 무기를 지참해야 하는 군의 특성 때문일 것이다. 그러나 변화의 움직임이 이미 보이고 있다.

미국 GM은 미 육군에 보병분대차량ISV 전기차를 납품했다. ISV

는 공수부대나 경보병의 분대(9명)를 태우는 차량이다. 전기차로 바꾼 ISV는 미 육군이 현재 테스트하고 있으며 결과가 좋을 경우 점차 전기차를 늘릴 방침이라고 한다. 앞으론 전기로 가는 탱크도 나올 수 있다. 미 육군 기갑사단의 경우 하루 50만 갤런(약 190만 리터)의 연료가 필요하다. 이를 매일 보급한다는 것이 특히 전쟁 상황에선 매우 골치 아프다. 전기 탱크는 이런 번거로움을 획기적으로 덜어준다. 또한 매연이나 소음, 냄새가 나지 않고 열이 덜 나오기 때문에 스텔스에도 상당한 도움이 된다.

영국 공군은 더 나아가 2027년까지 경량 전기훈련기를 배치하는 것을 목표로 삼았다. 이는 2050년까지 탄소배출량을 제로로 만들겠다는 영국의 국가적 계획에 따른 것이다. 앞서 미 공군은 2020년부터 개인용 비행체PAV를 도입하려고 준비하고 있다. 이 비행체는 3~8명을 태우고 시속 160km 이상의 속도로 1시간 이상 하늘을 나는 능력을 요구받고 있다. 미 공군은 전기로 비행하는 수직이착륙eVTOL 비행체를 바라고 있다.

이와 같은 배터리 기반의 신무기체계 개발의 움직임은 요즘 각국 군대가 배터리 연구에 열중하는 이유이기도 하다. 더 작으면서도 더 오래가고 힘센 배터리를 만드는 것이 목표이다. 단기적으론 다 쓰면 버려야 하는 일차전지 대신 재충전이 가능한 이차전지로 대체하려 한다.

전기를 만들어 배터리로 보내는 방법 역시 군의 연구 대상이다. 무전기와 전장 단말기처럼 군사작전에 사용되는 장비가 많아질수록 필요한 전력도 늘어나게 된다. 하지만, 이를 위해 배터리에만 의존한다면 부담이 커진다. 전기를 사용하는 차량이나 휴대용 발전장치를 도입하면 배터리 운반의 부담 없이 전기를 사용할 수 있기 때문에 야전에서 전력 확보를 위한 방법에 많은 연구와 투자가 진행되고 있다. 무선 충전을 넘어서 원격 충전을 연구하는 미 국방부 방위고등연구계획국DARPA은 인터넷·구글맵·GPS를 세상에 내놓은 연구기관으로서 레이저로 10km 떨어진 전기 동력의 무인 항공기UAV를 원격 충전하는 연구를 수행 중이다.

대한민국 육군도 인공지능 기반의 미래형 지상전투체계인 아미 타이거4.0Army-TIGER 4.0 조기 전력화에 힘쓰고 있다. 아미 타이거 4.0은 모든 전투 플랫폼에 AI를 포함한 4차 산업혁명의 신기술을 접목해 기동화·네트워크화해 전투원의 생존성과 효율성을 극대화시키는 개념이다. 대대급 무인정찰기UAV, 정찰·공격복합형 군집 드론, 소형 정찰로봇 등 모바일 기반의 드론봇 전력증강 계획을 수립하고 있다. 이러한 미래 무기체계도 역시 고성능 배터리가 없으면 무용

인공지능(AI)기반의 미래형 지상전투체계인 아미 타이거 4.0 >>>

지물이 될 수밖에 없다. 그만큼 배터리가 매우 중요한 군수 아이템으로서 자리잡아가고 있음을 알 수 있다. 고성능 배터리 기술력이 미래의 군수산업에도 상당한 영향을 미칠 것으로 기대된다.

드론
택시

지금은 장거리 비행을 마치고 인천국제공항에 내리면 대부분 1시간 이상 이동해야 집에 도착할 수 있다. 서울이 집이라면 짐 가방을 챙겨 전철을 타거나 교통체증을 겪으면서 버스나 택시를 타고 이동해야 한다. 하지만 가까운 미래엔 에어택시를 타고 20분이면 집에 도착할 수 있다. 이동시간이 3분의 1 수준으로 줄어든다는 의미이다. 세계 산업계가 이동시간을 획기적으로 단축할 수 있는 도심항공 모빌리티UAM 생태계를 구축하고 시장을 선점하기 위해 바쁘게 움직이고 있다. UAM은 30~50km 정도의 짧은 거리를 고도 300~600m에서 이동하고, 수직 이착륙할 수 있는 개인용 비행체PAV를 축으로 하는 교통체계다. 핵심은 친환경 '전기동력 수직이착륙기e-VTOL'를 이용해 온실가스 배출을 피할 수 있다는 것, 하늘이라는 공간을 활용한다는 데 있다. UAM의 서울 시내 평균 이동시간은 자동차 대비 약 70% 짧아진다고 한다. 파격적인 교통수단인 셈이다. 향후 전개될 시장 전망도 매우 밝다. 모건스탠리는 전 세계 UAM 시장 규모가 2020년 70억 달러(약 8조3,000억 원)에서 2040년 1조4,740억 달러(약 1,743조 원)까지 커진다고 전망한다.

급속도로 성장하는 시장을 먼저 차지하려고 글로벌 완성차업계는 물론 항공업계, 통신업계까지 뛰어들고 있다. 각국 정부도 UAM 도입과 운용에 눈독을 들인다. 미국은 2005년 차세대교통시스템 연구소를 설립하며 제도적 지원에 나섰고, 유럽연합은 기술개발에 투자하고 있다. 캐나다, 중국 등도 실증사업을 계획해 속도를 붙이는 중이다. 일찌감치 출발선을 떠난 기업들은 성과를 거두고 있다. 2011년 설립한 독일의 에어택시 스타트업 볼로콥터Volocopter는 2023~2024년 내에 에어택시를 상용화하고, 2024년 파리올림픽에서 에어택시를 운항한다는 계획을 밝히고 있다. 볼로콥터는 에어택시 '볼로시티'에 2019년에 2명을 태우고 싱가포르 도심의 100m 상공에서 시험비행을 성공적으로 마쳤다. 볼로시티를 이용하면 로마 피우미치노 공항에서 시내까지 15분 만에 이동할 수 있으며 요금은 150유로(약 20만5천 원)다. 볼로콥터는 한국에서도 2021년 11월 국토교통부 주관으로 시험비행을 실시했으며 2024년까지 서울에 에어택시 서비스 제공을 목표로 하고 있다.

이처럼 대형 신규 시장인 도심항공 모빌리티 사업은 상용화 시점이 거의 임박해 보이지만 정작 UAM 비행체의 핵심 부품인 배터리의 기술개발은 더디기만 하다. 이론적으로는 충분한 수의 충전식 배터리를 설계에 반영하면 모든 전력 요구사항을 충족할 수 있지만 이렇게 하면 기체에 과도한 무게와 부피를 추가하게 되어 eVTOL의 페이로드 용량을 소비할 수 있다. 따라서 현실적인 배터리 솔루션은 기내에 탑재된 배터리의 무게와 크기에 대해 충분한 전력 공급의 균형을 유지해야 한다. 현재로선 리튬이온전지를 이용한 전원 시스템 개발에 집중되어 있지만 충분한 전력 요구사항을 만족시키기 위해서는 보다 고에너지 밀도를 지닌 차세대 배터리 개발이 요

미래 모빌리티 비전 이미지 및 세계 UAM 시장 규모 전망 >>>

출처: 현대차그룹 홈페이지, 모건스탠리

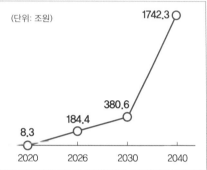

(단위: 조원)

1742.3

380.6

184.4

8.3

2020 2026 2030 2040

구된다. 우선 리튬 기반의 NCM, 전고체전지 및 리튬공기전지 개발, 보다 가볍고 원료 가격이 저렴한 유황 양극을 적용한 리튬황전지개발 등이 활발히 이루어지고 있다. 이외에도 자체 가열 솔루션을 포함한 저저항 팩 설계 등과 같은 시스템 기반 기술을 평가하여 eVTOL 전력 응용 제품에 가장 적합한 옵션을 찾고 있다. 하지만 다년간에 걸쳐 개발이 진행되어온 차세대 배터리가 과연 시장이 개화할 적기에 상용화가 이루어질지는 아직 미지수이다.

휴대용·초소형
디바이스

전기자동차가 리튬이온전지에 대한 이머징 시장이라면, 새로운 모바일 및 휴대용 디바이스, 소형 기기용 리튬이온전지 시장은 눈부실 정도로 확장하고 있다. 2016년 애플은 아이폰 7을 출시하면서 이어폰 잭을 제거하였다. 출시 당시 소비자의 반응을 크게 엇갈렸다. 이어폰 잭이 없으면 변환 젠더를 구입하거나 블루투스 이어폰을 구매해야만 했기 때문이다. 결국 시장을 선점한 것은 저가의 유선 이어폰과 변환 젠더가 아닌 오히려 고가의 무선 블루투스 이어폰이었다. 애플에서 초소형 리튬이온전지를 적용한 에어팟AirPod 시리즈를 연달아 출시하면서, 현재 거의 대부분의 스마트폰용 이어폰은 무선 블루투스 이어폰으로 교체되었다. 기술 집적도 향상으로 인해 손톱보다 작은 리튬이온전지로도 4시간 이상 구동할 수 있게 되었다. 또한, 파나소닉의 원통형 전지를 탑재한 다이슨의 무선 청소기가 큰 인기를 불러일으키면서 대형 가전업체인 삼성, LG에서도 자회사의 리튬이온전지를 탑재한 무선 청소기를 출시하면서 무선 진공청소기 경쟁에 뛰어들었다. 다이슨은 원래 항공기용 엔진이나 모터를 개발하는 회사였지만 고성능 모터 기술 노하우를 적용한 무선 청소기, 드라이기 출시 이후 선풍기 등의 소형 가전뿐만 아니라 전기자동차를 출시하겠다는 계획을 세우기도 했다.

최근 흡연하는 사람들의 기호도 점차 전자담배로 바뀌고 있다. 이 역시 전자 담배에 고용량의 리튬이온전지가 탑재되면서 에너지

드론용, 무선이어폰용 리튬이온전지 >>>

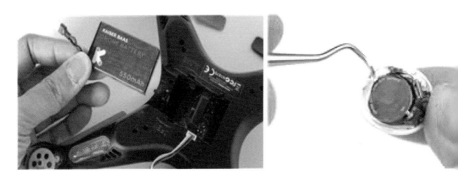

밀도 증대에 따라 한 번 충전하면 한 번 혹은 그 이상 연속적으로 담배를 피울 수 있게 되면서 편리성이 높아진 이유가 크다. 그 밖에 조명 스탠드, 선풍기, 공기청정기, 가습기 등 전원선이 반드시 필요했던 제품도 리튬이온전지를 적용하여 점차 무선 제품으로 출시되고 있다. 초소형·소형 가전제품뿐만 아니라, 드론 같은 소형 비행체를 비롯하여 항공 택시 등의 무인 비행체를 운전하는 전력원도 리튬이온전지를 적용하여 우리 삶의 패턴을 변화시키고 있다. 이렇듯 과거에 전자제품의 액세서리에 불과했던 리튬이온전지기 이제는 우리 생활을 바꿀 수 있는 중요한 동력원으로 자리 잡고 있다.

6장

글로벌 승자의 조건

SECONDARY
BATTERY
REPORT

지속적
승자의 조건

　지금까지 살펴본 바와 같이 배터리 산업은 급격한 팽창기에 들어서면서 무한 경쟁의 시대로 진입하고 있다. 일본은 시장점유율이 과거만 못하지만 핵심 부품·소재를 중심으로 이차전지 강국으로 인정받고 있고, 중국은 원자재 독과점이 심화되면서 가격 경쟁력과 풍부한 내수 시장을 바탕으로 전 세계 시장의 절반 이상을 점유하고 있으며, 유럽도 이차전지 기술력을 강화하기 위한 다양한 정책을 펴고 있다. 미국은 자국우선주의 정책으로 인플레이션 감축법 등을 통해 원료, 소재, 배터리 생산에 대해 미국 혹은 미국과 FTA를 체결한 국가에서의 원료 및 소재 수급과 배터리 생산을 유도하고 있다. 이러한 상황에서 한국이 진정한 이차전지 강국이 되기 위해서는 다방면으로 고민하고 노력해야 하는데 이를 짚어보고자 한다.

원료 및 소재의
안정적 수급

        2019년 7월 4일, 일본이 우리나라를 대상으로 수출규제를 강화하는 조치를 단행했다. 이때 수출규제가 이루어진 품목은 포토레지스트PR와 불화수소, 플루오린폴리이미드FPI 등 3가지 품목이었으며, 이들은 반도체와 디스플레이 생산에 필수적인 소재이다. 당시 포토레지스트와 플루오린폴리이미드는 전 세계 생산량의 90%, 불화수소는 70%를 일본이 생산하고 있어 한국을 비롯한 세계 반도체 기업 대부분이 일본에 의존하고 있었다. 일본이 글로벌 분업체계에서 자국이 담당하는 소재를 외교적 분쟁에 활용한 사례이다. 우리 기업들은 반도체와 디스플레이 생산에 비상이 걸렸고, 일본 이외의 공급망을 찾거나 국내 기술개발을 통해 극복하고자 하였다. 다양한 노력의 일환으로 2019년 8월 5일 '소재·부품·장비 경쟁력 강화대책'이 발표되었으며, 100대 핵심전략 품목을 지정하여 이에 대한 집중적인 기술개발 및 공급선 확보 등의 대응책을 마련하였다.

  이를 계기로 이차전지 분야에서도 일본에서 수출규제를 할 경우 큰 타격을 입는 품목들을 선별하였으며, 다수의 품목이 여기에 포함되었다. 대표적으로 이차전지의 포장재인 파우치, 전극에 사용되는 접착제인 바인더, 전해액의 기능성을 증대시키기 위한 첨가제, 분리막 원단 등의 수입 의존도가 높았다. 그런데 이러한 품목들은 우리나라가 생산을 못했다기보다 안 했던 품목으로 보는 것이 더 타당하다. 리튬이온전지는 일본이 미국의 원천기술을 접목하여 최초로 상용화를 하고, 우리나라는 일본에 이은 후발주자로서 추격형

삼성, LG, SK의 배터리 소재 대일 의존도 >>>

이차전지	주요 일본 기업	일본 의존도
양극재	스미토모, 니치아	낮음
음극재	미츠비시	낮음
분리막	아사히 가세이, 도레이	낮음, 분리막 원단은 의존도 높음
전해액	미츠비시, 우베	전해 원액과 첨가제 기술은 의존도 높음
양극바인더(유계)	구레하	높음
음극바인더(수계)	제온	높음
용매	미츠비시	낮음
동박	후루카와, 일본 전해	낮음, 동박제조설비는 의존도 높음
파우치	DNP, 쇼와 덴코	높음

연구를 수행했다. 빠르게 따라잡기 위해 이차전지를 구성하는 모든 부품·소재를 개발하기보다는 성능에 크게 영향을 주는 핵심소재 중심으로 연구개발이 이루어졌다. 선택과 집중을 택한 것이다. 그에 따라 4대 핵심소재인 양극 소재, 음극 소재, 전해질, 분리막을 중심으로 기술개발이 이루어졌고, 이 중 경제성이 있는 품목인 양극 소재, 전해질(원료단 기술은 제외), 분리막(원단은 제외) 등을 중심으로 부품·소재 산업이 형성되었다. 이들을 바탕으로 이차전지 셀을 제조하는 기술에 집중적으로 투자하여 효율적으로 이차전지 산업이 형성되었다. 현재 우리나라는 셀 제조 기술에서는 세계 1위의 기술력으로 평가를 받고 있으며, 음극 소재를 제외한 핵심소재 분야에서도 어느 정도의 경쟁력을 갖추고 있으나 여러 부품·소재 분야에 공백 기술이 존재한다. 포장재인 파우치가 대표적인 예가 될 수 있다. 일본의 수출규제가 시작되었을 당시 한국은 파우치를 전혀 생산하

고 있지 않았다. 만약 일본이 파우치에 대한 수출규제를 단행한다면 우리 기업들은 셀을 생산하더라도 수분 및 공기로부터의 기밀성을 유지하게 케이싱하지 못해 제품을 완성하지도 출하하지도 못하는 상황에 처하는 것이었다. 만약에 대비하기 위해 수입 의존도가 높은 품목들에 대한 연구개발 및 기업 육성이 진행되었으며, 상당 부분 진전이 이루어졌다. 어찌 보면 위기 상황을 통해 우리의 공백 기술을 파악하고, 취약한 부분에 대한 산업 육성이 이루어지는 긍정적인 효과가 있었다. 그러나 부품·소재는 여전히 해외 의존도가 높아 언제든지 위기 상황이 올 수 있다. 지속적인 기술개발 및 공급선 다변화, 외교 등의 다각적인 노력이 필요한 까닭이다. 부품·소재 관련 위기는 기술개발, 산업 육성, 공급선 다변화 등 기술 및 산업적인 요인의 고도화를 통해 어느 정도 극복이 가능하다. 그러나 원료의 문제는 차원이 다르다.

2021년 촉발된 중국발 요소수 사태 역시 원료 수급에 대한 많은 고민을 하게 만든 계기였다. 요소수는 요소의 수용액, 즉 요소를 물에 녹인 용액을 뜻한다. 요소수는 경유를 사용하는 디젤 내연기관 자동차의 배기가스 후처리 장치인 선택적 촉매환원SCR, Selective Catalytic Reaction 장치의 작동에 필요한 환원제로, 자동차 배기가스의 질소산화물을 저감하기 위해 필요한 것이다. 그런데 중국이 2021년 10월 돌연 요소수의 수출을 규제한 것이다. 요소수 수입의 97%를 중국에 의지하던 한국은 발등에 불이 떨어졌다. 디젤 내연기관을 사용하는 각종 상용차가 멈출 위기에 처했다. 이후 약 2개월간 민관의 노력으로 국내외의 요소를 모두 긁어모아 당면한 위기는 넘겼으나 장기적인 수급 안정화를 위한 조치가 필요했다.

이차전지 시장 전망 >>>

출처: 한국배터리산업협회, 한국배터리연구조합

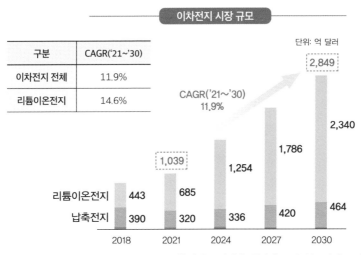

구분	CAGR('21~'30)
이차전지 전체	11.9%
리튬이온전지	14.6%

이차전지 시장 규모

단위: 억 달러

CAGR('21~'30)
11.9%

	2018	2021	2024	2027	2030
		1,039	1,254	1,786	2,849
					2,340
리튬이온전지	443	685			
납축전지	390	320	336	420	464

■ 리튬이온전지 ■ 커패시터 ■ 납축전지 ■ 니켈카드뮴전지 ■ 니켈수소전지 ■ 기타

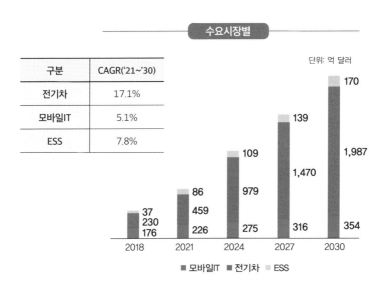

구분	CAGR('21~'30)
전기차	17.1%
모바일IT	5.1%
ESS	7.8%

수요시장별

단위: 억 달러

	2018	2021	2024	2027	2030
	37	86	109	139	170
	230	459	979	1,470	1,987
	176	226	275	316	354

■ 모바일IT ■ 전기차 ■ ESS

요소수 사태의 배경에는 호주-중국간 무역 분쟁으로 중국에 호주산 석탄이 들어오지 않게 된 것이 주요 원인이다. 요소는 이산화탄소CO_2와 암모니아NH_3의 화합물이며, 암모니아는 질소N_2와 수소H_2의 화합물이다. 이산화탄소는 주요 산업 등 다양한 부분에서 부산물로 나오니 풍부하고, 질소는 공기를 이용하여 생산이 가능하나 수소의 생산이 문제가 된다. 수소를 생산하기 위해 중국에서는 주로 그레이 수소라 불리는 석탄을 이용한 생산을 통해 공급하였으나, 호주로부터의 석탄 수입이 막히자 서탄 가격이 치솟았고, 이에 따라 요소의 생산을 줄이며 수출규제에 나선 것이다. 우리나라처럼 가진 자원이 많지 않은 나라에서는 이러한 사태의 영향을 크게 받는다. 그럼 이차전지의 경우 원료 상황은 어떨까?

이차전지 시장은 크게 리튬이온전지와 납축전지가 대부분을 차지하고 니켈수소전지, 니켈카드뮴전지, 커패시터 등이 소량 사용되고 있다. 이 중 리튬이온전지가 2018년 기준 대략 절반을 차지하고 2030년경에는 80% 이상의 시장을 리튬이온전지가 차지할 것으로 예측된다. 따라서 리튬이온전지의 원료를 중심으로 살펴본다.

옆 페이지의 그림에서 볼 수 있듯이 리튬이온전지의 주요 원료로는 리튬, 코발트, 니켈, 망간, 흑연이 꼽힌다. 이들 물질은 양극 및 음극 활물질에 사용되는 원료이다. 흑연은 인조흑연도 사용되지만 가격 경쟁력 때문에 천연흑연도 상당량 사용된다. 알루미늄, 구리 등의 원료가 양극 활물질, 집전체 등에 사용되면서 이차전지에 활용되기는 하나 이들은 상대적으로 산업에 두루 활용되고 있어 수급 문제는 상대적으로 덜하다. 리튬이온전지의 핵심 물질들인 리튬, 코발트, 니켈, 망간, 흑연은 어떤 수급의 문제를 가지고 있을까?

리튬이온전지의 원료 및 활용 >>>

출처: 포스코

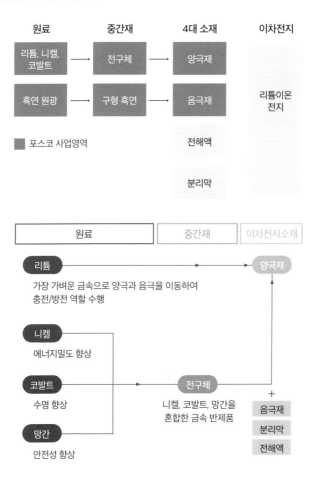

리튬, 코발트, 니켈, 망간, 천연흑연은 특정 지역 중심으로 생산되고 있다(146페이지 그림 참고). 2017년 생산량 기준으로 리튬은 호주 44%, 칠레 34%, 아르헨티나 13%, 코발트는 콩고 59%, 러시아와 호주 각 5%, 니켈은 필리핀 11%, 캐나다 10%, 러시아와 호주 각 9%, 망간은 남아프리카공화국 33%, 중국 16%, 호주 14%, 천연흑

연은 중국 67%, 인도 13%, 브라질 8%를 보이고 있다. 위에 나열된 특정 몇 개 국가의 생산량을 더할 경우 리튬 91%, 코발트 69%, 니켈 39%, 망간 63%, 천연흑연 88%가 되며 특정 몇 개 국가가 자원을 거의 독점 생산하고 있다는 의미이다. 즉, 원료의 수급 문제가 심각하게 발생할 수도 있다. 리튬의 가격 변동 추이를 보아도 이는 명백하다. 리튬 가격 추이를 보면 전기자동차의 보급과 맞물려 가격이 큰 폭으로 변동되는 것을 확인할 수 있다. 2016~2017년경의 가격 폭등은 전기자동차의 시장 진입과 맞물려 있으며 2020년부터의 가격 급등은 전기자동차의 대중화와 연결되어 있다. 2016~2017년의 가격 폭등이 안정화된 것은 생산량의 확대를 통한 것이었다. 당시 전기자동차의 보급이 대중화로까지 이어지지는 않아 생산량의 확대를 통해 조기 안정화가 가능했다. 그러나 2020년 이후의 가격 폭등은 전기자동차의 대중화와 연결이 되어 있고, 또한 예전보다 수요의 증가가 매우 가파르기 때문에 가격 안정화에 상당한 어려움을 겪을 가능성이 있다. 2021년 한 해에만 전기자동차 보급과 더불어 리튬의 가격이 다섯 배 급등한 것으로 조사되고 있다.

그렇다면 우리나라는 어떤 방법으로 원료를 안정적으로 수급할 수 있을까? 사실 많은 대안이 존재하지 않는다. 원료는 부품·소재와 같이 기술력으로 극복하기 쉽지 않은 영역이다. 몇 개의 국가에 원료가 편중되어 있기는 하지만, 그 국가들과 폭넓게 원료 수급 관련 교류를 진행하는 것이 중요할 것이다. 특정 국가에만 의존할 경우, 혹시나 발생할 수 있는 수출규제, 가격 조정 등의 영향을 매우 크게 받을 것이다. 또한, 원료 수급 관련하여 장기 계약을 체결하고, 원료 생산 국가에 원료 전처리 시설 혹은 사업을 진출하여 안정적

탄산리튬 가격 추이 >>>

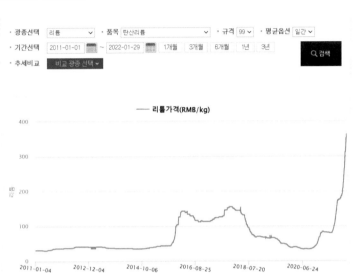

인 공급을 받을 수 있게 조치하는 것도 한 방편일 것이다. 이 부분은 민간의 주도로 진행할 수 있는 일이다. 정부는 이러한 민간의 노력에 제도적 뒷받침 및 외교적인 노력을 통해 적극적인 뒷받침이 있어야 할 것이다. 이러한 방법은 어찌 보면 매우 직관적이며 당연한 방법이다.

그렇다면 자원 빈국인 우리나라가 그동안의 성장 잠재력이었던 우수한 인력과 기술개발을 통해서 할 수 있는 일은 없을까? 어려운 일이기는 하나 극복할 수 있는 방법이 있다. 첫째로 '사용후 배터리'의 재활용 기술이 있다. 재사용의 경우 사용후 배터리를 해체하지 않고 다시 사용하는 것이므로 원료와는 직접적인 연관성이 있다고 보기는 어렵다. 재활용과 재사용의 차이는 4장에서 다루었다. 재활용의 경우 사용후 배터리로부터 유가 금속, 특히 이차전지에 꼭 필요한 리튬, 코발트, 니켈, 망간, 흑연, 알루미늄, 구리 등을 추출하여 다시 사용할 수 있다. 도시광산을 활용하는 셈이다. 현재는 전기자동차의 대중화 초기로 시장 팽창기에 있어 이차전지의 수요도 매우 빠른 속도로 증가하고 있다. 따라서 아직 폐차로 나오는 전기자동차의 양이 많지 않아 사용후 배터리 발생량도 많지 않다. 아직은 사용후 배터리 재사용 기술 및 산업이 성숙하지 않아 배터리 재활용을 통해 감당할 수 있는 원료의 양이 많지는 않다. 그러니 수년 후 전기자동차의 보급량이 폐차로 나오는 전기자동차의 양이 많아지고 사용후 배터리 재활용 기술이 성숙되면 사용후 배터리 도시광산을 이용해서 수급할 수 있는 원료의 양이 절대 무시할 수 없는 수준으로 증대될 것이다. 따라서 사용후 배터리가 재활용될 수 있도록 기술개발뿐만 아니라 적절한 법과 제도의 뒷받침도 수반되어야 한다. 또 다른 기술적인 접근 방법은 특정 지역 편중이 매우 심한 원료를 쓰지 않고 대체 원료를 개발하는 방법이 있다. 황당한 이야기로 들릴 수도 있으나 기술개발을 통해 극복 가능한 부분이 존재하며 향후 그런 방향으로 나아가야 한다.

끊임없는
연구개발

이차전지는 매우 긴 역사를 가지고 있다. 약 2천 년 전의 유물인 바그다드 배터리부터 고려하면 인류 문명의 역사와 궤를 같이했다 볼 수도 있다. 최초의 현대적인 일차전지인 볼타전지부터 다니엘전지, 건전지Zinc-Carbon Cell, 알카라인전지 등으로의 진화, 이를 바탕으로 이차전지인 납축전지, 니켈카드뮴전지, 니켈수소전지, 그리고 현재 시장을 주도하고 있는 리튬이온전지까지의 발전은 모두 끊임없는 연구개발의 결과이다. 리튬이온전지가 상용화된 이후, 정부 사업 등에 이차전지 연구 관련 내용을 제안할 때 혹자들은 리튬이온전지가 상용화되었는데 왜 또 추가 연구를 진행하냐고 부정적인 의견을 피력했다. 그때 멈추었다면 전기자동차는 영원히 볼 수 없었을 것이다. 그뿐만 아니라 스마트폰에는 벽돌 크기의 배터리를 장착하여 들고 다녀야 했을 것이다. 또한, 리튬이온전지 이전에도 상용화되어 있던 이차전지가 존재했는데 이때 상용화된 이차전지가 존재한다는 이유로 이차전지 연구개발을 멈추었다면 현재와 같은 'Rechargeable World' 즉, 충전 가능한 세상은 없었을 것이다. 이는 이차전지가 끊임없는 연구개발의 산물이라는 것을 다시 한번 방증해준다. 앞으로 우리가 더 좋은 이차전지를 사용하고 싶다면 끊임없는 연구개발은 필수불가결한 것이다. 그렇다면 이차전지에 대한 연구개발의 결과가 앞으로는 시장에 어떤 영향을 미칠까? 기존 리튬이온전지를 시장에서 밀어내고 완전히 새로운 이차전지가 시장을 지배할까? 꼭 그렇지만은 않을 것이다.

리튬이온전지는 현존하는 이차전지 중 가장 성능이 우수한 전지이다. 차세대 이차전지의 후보로 거론되는 시스템들은 어느 정도 성과를 보이고는 있으나 상용화까지 상당한 시간이 필요하며, 그들 각각의 시스템은 리튬이온전지와는 다른 특성을 가지고 있다. 따라서 리튬이온전지는 최소한 십수 년 혹은 그 이상 이차전지 시장을 장악할 것으로 예측된다. 특히 전기자동차와 소형 전자기기 용도에서 단기간에 리튬이온전지를 대체하는 것은 매우 어려울 것으로 예측이 된다. 그러나 리튬이온전지에도 이론적인 한계치가 존재하며, 특히 소비자의 요구에 맞추기 위해서는 개선되어야 할 부분이 많다.

현재의 전기자동차는 일충전 주행거리가 대략 500km 내외에 충전 시간은 수십 분에서 수시간이 걸리고, 소비자들이 배터리의 수명과 안전성을 염려하는 부분이 존재한다. 소비자들은 이러한 한계치 및 염려하는 사항이 모두 없어지기를 바란다. 그러나 리튬이온전지 시스템을 통해 개선되는 사항도 존재하겠으나 대상 시스템 자체를 바꿈으로써, 즉 차세대 이차전지로 넘어감으로써 해결할 수 있는 부분도 존재한다. 또한 이차전지의 응용처가 무궁무진하게 확대되고 있다. 그런데 모든 응용처에 모두 리튬이온전지가 사용되어야 하는 것은 아니다. 용도별로 용도 맞춤형 이차전지가 개발된다면 더 효율적일 것이다. 각각의 응용처는 서로 다른 특성을 요구하고, 이에 맞추어 이차전지를 사용하는 것이다. 예를 들어 전기자동차의 경우 이차전지의 에너지밀도, 출력특성 등 성능이 더 중요한 요소로 작용을 한다. 납축전지가 가격은 더 싸나 전기자동차에 들어가지는 않는다. 기본적인 성능지표를 맞추지 못하기 때문이다. 이러한 성능 지표를 먼저 맞추고 경제성을 확보하기 위한 노력이 진행된다. 이런 현상은 값이 상대적으로 비싼 전기자동차에 대해 보조금을 지급하여 내연기관 자동차와 경쟁할 수 있는 여건을 만들어 주는 것을 보더라도 이해할 수 있다. 성능지표를 맞추어야 하기 때문에 가격이 비싸더라도 리튬이온전지가 탑재되어 보조금을 지급하며 보급하고 있으나 어느 정도 가격 경쟁력이 개선되면 보조금이 일부 줄어들 것이고, 가격 면에서 내연기관 자동차와 대등하게 경쟁할 수 있을 때 보조금이 완전히 없어질 것이다. 그러나, 전력저장용 이차전지 시장으로 가면 다른 지표가 더욱 중요해진다. 바로 경제성이다. 에너지저장 단지 혹은 건물 형태로 설치되는 특성을 보면 에너지밀도보다는 가격 경쟁력이 상대적으로 중요해진다. 수십 kWh 규모로 사용되는 자동차용 대비 MWh~GWh급 규모로 사용되는 전력저장용은 일단 규모에서 엄청나게 차이가 난다. 약간의 가격 차이도 전체 규모로 보면 매우 커지는 것이다. 그렇다면 이런 용도에도 리튬이온전지를 사용해야 할까? 현재는 아직 강력한 대안이 없어 리튬이온전지가 사용되고 있으나 장기적인 관점에서는 이런 용도에 맞고 가격 경쟁력을 갖춘 이차전지를 상용화하여 사용하는 것이 더 타당하다. 차세대 이차전지 후보군 중 이런 용도에 적합한 시스템들이 존재한다. 각각의 응용처에서 더 중요시하게 요구하는 특성에 맞추어 이차전지 시스템을 다변화해야 하는 것이다.

용도 맞춤형으로 이차전지 시스템을 다변화하는 것은, 특히 자원 빈국인 우리나라의 입장에서는 원료 수급의 문제를 일부 해소하는 방안이기도 하다. 앞 단락에서 기술개발을 통해 원료 수급의 문제를 해소할 수 있는 방안이 있다고 했는데 이와 맞닿는 부분이다. 모든 응용처에 리튬이온전지를 사용한다면 리튬이온전지에 사용되는 원료의 수급 문제가 더욱 크게 부각될 것이다. 그러나 각각의 응용처에 맞춰 서로 다른 이차전지 시스템을 사용한다면 원료 측면에서도 다변화가 가능하며 이를 통해 원료 수급의 어려움을 완화할 수 있다. 특히, 지구상에 풍부하게 존재하는 원료를 사용하는 이차전지 시스템을 개발한다면 원료 수급의 문제는 일시에 해소될 수도 있다. 나트륨이온전지, 금속공기전지, 다가이온전지, 레독스흐름전지 등 사용 원료를 다변화할 수 있는 차세대 이차전지 시스템이 다양하게 연구되고 있다. 다만 이들을 상용화 수준으로 기술력을 끌어올리는 것이 중요한 일이며, 이는 끊임없는 연구개발이 뒷받침되어야 가능하다.

끊임없는 연구개발은 비단 차세대 이차전지를 찾는 방향으로의 연구개발만을 뜻하는 것은 아니다. 리튬이온전지도 아직 연구개발할 사항이 무궁무진하다. 전술한 바와 같이 리튬이온전지는 적어도 십수년, 혹은 그 이상 이차전지 시장을 장악할 것으로 예측되고 있다. 또한, 먼 미래에 차세대 이차전지가 성공적으로 상용화되어 시상을 장악하더라도 리튬이온전지는 나름대로의 특성을 가지고 계속 사용될 것이다. 시장 내에서의 장악력, 즉 시장점유율 측면에서 장악의 수준은 아니더라도 사용되는 절대량은 지금보다 훨씬 많을 가능성이 크다. 리튬이온전지가 시장을 장악한 현재의 시장에서 납축전지, 니켈수소전지 역시 계속 사용되고 있는 것을 보면 그렇다. 그렇다면, 리튬이온전지도 지속적으로 연구개발할 필요가 있지 않을까?

우리나라는 리튬이온전지 시장에서 세계 1위라는 평가를 받는다. 실제 시장점유율 측면에서는 중국이 세계 1위이나 이는 중국의 방대한 내수 시장이 포함된 것으로 이런 부분을 걷어내고 감안하면 실질적으로 우리나라가 세계 1위라고 평가를 하는 것이다. 가진 자원도 별로 없고, 이차전지 개발 측면에서도 후발주자인 우리나라가 이런 평가를 받는 것은 이차전지 산업계, 연구계, 학계에서 일하는 모든 분들, 그리고 이차전지 산업이 성장할 수 있도록 지원한 정부, 또한 효율적이고 깐깐한 소비를 하는 국민들 덕분이라 할 수 있다. 그러나 우리의 1등이 진정한 1등일지는 곱씹어 봐야 할 부분이다.

현실을 직시한다면 매우 불안한 이중적인 구조의 1등이라 할 수 있다. 우리나라가 이차전지 세계 1등이라 불리는 원동력은 셀 제조 기술에 있다. 셀 제조 분야에서는 매우 우수한 기술력을 가지고 있으나 후방산업에 해당하는 부품·소재산업, 장비산업, 원료산업, 원천기술력 등에서는 아직 취약한 부분이 많다. 부품·소재 산업의 시장점유율을 보더라도 이는 명백히 보인다. 4대 핵심소재 중 양극, 전해질, 분리막 시장에서 각 소재별 우리나라의 시장점유율은 15% 내외에 그친다. 음극은 좀 더 심해 10%도 채 되지 않는다. 리튬이온전지 시장에서 모바일IT 48%, 자동차용 28.6%, ESS용 63.2%를 우리나라가 생산하는 것을 감안하면, 대부분의 소재를 수입해서 사용한다는 뜻이기도 하다. 그래서 일본의 수출 규제, 중국발 요소수 사태 등에 크게 흔들리는 것이다. 부품·소재 및 장비 산업 분야도 집중적인 연구개발을 지원하여 진정한 1등이 될 수 있도록 노력해야 한다. 이러한 부품·소재 기술력은 향후 차세대 이차전지에도 십분 활용될 수 있다. 또한, 원천기술력이 부족하기 때문에 항상 후발주자인 것이다.

2021년 7월, 우리나라는 유엔 무역 개발 회의UNCTAD, United Nations Conference on Trade and Development에서 선진국으로 인정을 받았다. 개발도상국의 지위에 있다 선진국으로 지위가 변경된 첫 사례라고 한다. 다같이 기뻐하며 축하할 일이다. 우리의 국력이 커진 만큼, 이제 연구개발 측면에서도 변화되어야 할 부분들이 많다. 항상 후발주자로 선진국에서 검증된 기술에 대해 추격형 연구를 해왔지만, 이제는 우리가 앞장서서 선도형 연구를 해야 한다. 과거 일본이 리튬이온전지를 개발한 후 십수 년간 전 세계 시장의 대부분을 점유했듯이, 우리는 미리 차세대 이차전지 원천기술력을 장악하고 이를 바탕으로 상용화를 이룬다면 시장 장악뿐만 아니라 인류에 기여할 수도 있다. 우리가 개발한 차세대 이차전지가, 지금 리튬이온전지가 지난 30여 년간 그랬듯이 인류의 생활을 획기적으로 바꿀 것이라는 행복한 상상을 해본다. 그러기 위해서는 끊임없는 연구개발은 필수 불가결한 사항이다.

기업의 지속적 투자를
통한 초격차 확보

이차전지 산업은 전기자동차의 보급과 함께 과거에는 상상할 수 없을 정도의 팽창기에 있다. 시장예측기관들에 의하면 2021년부터 2030년까지 이차전지 분야의 연평균 성장률은 이차전지 전체 기준 11.9%, 리튬이온전지 기준 14.6%로 예측된다. 전기자동차용만 놓고 보면 17.1%로 실로 엄청난 속도의 성장률이라 볼 수 있다. 일부 시장예측기관에서는 2025년경 이차전지 시장이 메모리 반도체 시장 규모와 비슷해질 것으로 예측하고 있고, 성장률을 감안하면 2025년 이후에는 이를 능가할 가능성도 있다. 우리나라의 주력 먹거리 산업 중 하나로 성장하는 것이다. 우리 기업들의 세계 시장에서의 활약이 더 기대되는 상황이다. 그러나, 우리나라 기업만 열심히 하는 것은 아니다. 전 세계의 이차전지 관련 기업들이 치열하게 경쟁을 하고 있다. 특히 중국의 약진이 두드러지고 미국, 유럽 등에 차세대 이차전지를 중심으로 수많은 스타트업들이 생겨나고 있다. 리튬이온전지 종주국인 일본의 경우 과거 1990년대의 독점식 호황기는 지나가고, 셀 제조업 경쟁력이 예전보다 약화한 양상을 보인다. 하지만 파나소닉이 미국 테슬라와 손잡고 배터리를 공급하는 등 아직도 자동차용 이차전지 시장에서는 영향력을 보이고 있다. 전지에서의 호황기는 과거만 못하지만 부품·소재에서는 가장 우수하다는 평가를 받고 있고, 과거의 호황기를 다시 살리려는 노력이 지속적으로 이어지고 있다. 기업들 간의 경쟁이 더 치열할 것으로 예측되는 상황이다. 이러한 경쟁 상황에서 기술력은 당연히 중요하고, 안정적인 공급 능력 역시 매우 중요하게 작용할 것이다.

앞서 설명한대로 현재 이차전지 시장 확대의 선두주자는 전기자동차용 배터리이다. 전기자동차의 대중화가 이루어지며 급격한 시장 팽창이 이루어지고 있다. 전기자동차가 이차전지 시장에 중요한 이유는 사용하는 이차전지의 양에 있다. 핸드폰에 들어가는 배터리의 양과 전기자동차에 들어가는 배터리의 양을 비교하면 전기자동차에 들어가는 양이 수천 배가 된다. 일예로 테슬라의 경우 18650 규격의 리튬이온전지를 사용하는 모델에는 약 7,000여 개의 배터리가 들어가는 것으로 알려져 있다. 전기자동차 한 대를 파는 것이 핸드폰 7,000대를 파는 양과 맞먹는 것이다. 따라서 전기자동차의 보급과 맞물려서 이차전지 시장 규모가 막대하게 늘어나는 것이다. 전 세계 자동차 생산 대수는 연간 8천만 대 정도인데 2021년 기준으로 7.4%가 전기자동차로, 640여만 대 생산되었다. 앞으로는 더 많은 비율이 전기자동차로 생산될 것이다. 이를 감안하면 실로 막대한 양의 이차전지가 전기자동차에 탑재되는 것이고, 안정적인 공급이 쉽지 않은 일이라는 것을 쉽게 예상할 수 있다. 전기자동차 제작사들은 안정적인 배터리 공급을 위해 배터리 제조사와 일정 규모의 배터리를 장기간 공급받는 조건으로 계약을 맺는다. 따라서 배터리 기업 입장에서는 전기자동차 대중화 초기 혹은 그 이전에 대규모 공급 계약을 성사시키는 것이 중요하며, 이를 위해서는 일정 수준 이상의 품질을 유지하며 안정적으로 생산하여 공급할 수 있는 능력의 확보가 필수적이다. 이는 생산 시설에 대한 투자로 이어진다. 우리 기업들도 국내뿐만 아니라 해외 생산 기지를 확충해 나가고 있다.

안정적인 공급을 위한 생산 시설 투자만큼 중요한 요소가 우수한 기술력의 확보이다. 어찌 보면 경쟁 기업과의 경쟁이라기보다 소비자의 요구와의 경쟁일 수도 있다. 소비자들은 한번 충전하여 오래 쓰고, 원하는 만큼 전기가 나오고, 고장나지 않는 배터리를 원한다. 물론 값도 싸야 한다. 이러한 것들은 배터리 성능지표의 에너지밀도, 수명, 안전성, 가격 등의 지표와 연결이 된다. 그런데 3장에서 살펴보았듯이 이러한 지표를 동시에 향상시키는 것은 매우 어려운 일이다. 한 가지 지표를 개선하면 그에 대응해서 다른 지표가 나빠지는 상충관계 구조에 있다.

그렇다면 어떤 방법으로 기술개발을 해나갈까? 뻔한 이야기이지만 창의적인 기술개발 외에는 답이 없다. 새로운 접근 방법, 새로운 소재, 새로운 배터리 운용 메커니즘 등을 도입하는 것이다. 물론 생산 공정 등에 대한 개선도 수반되어야 한다. 과거부터 지금까지 이런 양상으로 리튬이온전지가 지속적으로 발전해 왔다. 최초의 리튬이온전지에는 양극 소재로 리튬코발트옥사이드$_{LiCoO_2}$가 사용되었으나 많은 연구를 통해 코발트 대신 다른 전이 금속을 넣어도 잘 작동하는 것이 알려져 리튬니켈코발트망간옥사이드$_{LiNi_xCo_yMn_zO_2}$ 형태의

우리 기업의 해외 배터리 생산 거점 >>>

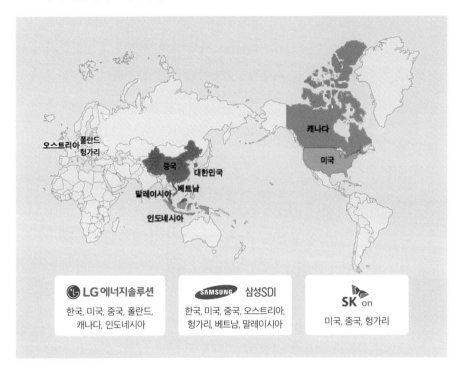

소재가 개발되었다. 이후 니켈Ni의 함량이 높아지면 에너지밀도가 높아지나 소재의 안정성 측면에서는 나쁘다는 것을 알고 니켈의 함량을 높이면서도 이의 부정적인 영향을 억제하기 위한 다양한 기법들이 도입되었다. 현재는 니켈 함량이 높아진 다양한 양극 소재들이 채용되고 있다. 결과적으로 보면 매우 단순하게 보이나 니켈, 코발트, 망간의 적정한 비율을 알아내고 최적화하기까지는 수많은 실험과 노력이 수반된다. 이렇듯 다양한 시도를 통해 이차전지는 꾸준하게 발전하고 있다. 그리고 초기 컨셉은 학계·연구계 혹은 산업계에서 나오더라도, 이를 실질적으로 이차전지에 적용하여 생산하는 기술로 연결하는 데에는 기업의 역할이 매우 중요하다.

이차전지의 발전을 보면 소재 기술의 발전이 선행 및 수반되어야 한다. 대부분의 이차전지 이름을 보아도 소재가 얼마나 중요한지 알 수 있다. 납축전지, 니켈카드뮴전지, 니켈수소전지, 리튬이온전지 모두 핵심소재와 연관되어 명명된 이름들이다. 전극의 소재 혹은 그 특성에 의해 이름이 붙었다. 납축전지는 전극이 납이고, 니켈카드뮴전지는 수산화니켈과 카드뮴 금속을 전극으로 쓴다. 니켈수소전지는 카드뮴 금속을 수소저장 합금으로 대체했다. 리튬이온전지는 기존 '리튬 금속'을 사용하던 이차전지와의 차별성으로 '리튬이온'이라는 이름이 붙었다. 즉, 소재가 전지를 결정하는 것이다. 이러한 소재들이 셀 내부에서 적절히 하모니를 이룰 때 최적의 성능이 나타난다. 따라서, 각각의 소재에 대한 전반적인 균형은 셀 제조업체에서 구성하지만, 각각의 소재들에 대해서는 소재업체에서 담당하여 최적의 성능을 발현해야 한다. 셀 제조업체와 소재업체 간의 협업 중요성이 부각되는 지점이다. 우리나라는 셀 제조 기술에서는 세계 1위의 평가를 받지만 소재는 그렇지 못하다. 양극 소재와 같은 특정 소재에서는 그래도 어느 정도 경쟁력을 갖춘 것으로 평가받는 분야도 있지만, 대부분의 소재 분야에서는 그렇지 못하다. 국내 기업들의 소재 기술 및 산업 경쟁력을 높이면 더 큰 시너지가 날 수 있으리라 생각된다.

현재는 전기자동차용 이차전지가 가장 크게 부각되고 있다. 당연한 이야기이다. 전기자동차용 이차전지가 실제로 산업의 상당 부분을 차지하고 있고, 이차전지 산업 성장을 견인하고 있다. 그런데 현장에서는 전기자동차용 이차전지 이외에도 다양한 이차전지가 사용되고 있다. 모바일IT용의 소형, 전력저장용의 초대형 등 수많은 용도가 있다. 이런 부분들은 이차전지 산업의 핵심축이기 때문에 많은 관심을 받고 있고 연구개발이 이루어지고 있다. 시장 규모는 아직 크지 않지만 우리 삶에 많은 영향을 주는 이차전지 분야도 있다. 의복이나 시곗줄 등에 사용 가능한 플렉시블 전지, 보청기나 심박 조절기 등에 들어가는 의료용 이차전지, 로봇, 드론 등의 동력원으로 사용되는 이차전지 등 향후 우리의 미래에는 다양한 응용처에 이차전지가 사용되기 때문에 다양한 형태의 이차전지가 필요하고, 원천기술 부분은 학계와 연구계에서 진행하겠지만 이를 제품화하는 것은 기업의 영역이다.

기업에서는 현재 시장 규모가 큰 현업에 대한 요구가 크겠지만 미래에 대한 대비도 못지않게 중요하다. 리튬이온전지가 시장에 출시되면서 급격히 새로운 시장을 형성하였듯이, 차세대 이차전지가 시장에 나오게 되면 또 다른 시장을 형성하며 큰 변화를 가져올 것이다. 특히나 과거와 달리 이차전지의 중요성이 매우 커진 현재 상황에서는 새로운 이차전지의 출현이 어떤 변화를 가져올지는 예상하기 어렵지만, 매우 큰 변화를 가져올 것이라는 것은 자명하다. 따라서 기업의 입장에서도 차세대 이차전지의 기술 진보에 대해 지속적인 모니터링이 필요하다. 산학연의 협력이 매우 중요해지는 부분이다.

정부의 선제적
연구개발 투자

전쟁터로 비유하자면 기업은 최전방에 서있다. 최전방 전선에서 치열한 전투를 벌이고 있는 부대인 셈이다.

세계 각국의 최첨단 이차전지 기업들과 경쟁을 하며 더 좋은 제품을 만들기 위해 고군분투를 하는 것이다. 최전선에서 싸우고 있는 기업의 역할이 매우 중요하다는 것은 자명한 일이다. 모든 최종 결과가 기업으로부터 나온다. 실질적으로 제품을 생산하여 적용을 하고, 소비자에게 판매를 하고, 우리가 그것을 사용하고 있다. 그렇다면 전쟁터 최전선에 있는 부대에게 중요한 것은 무엇일까? 아마도 보급을 포함한 후방지원일 것이다. 적절한 시기와 규모로 보급 및 후방지원이 이루어지지 않으면 어떠한 정예 부대도 장기간 전투를 이어나갈 수 없다. 기업이 최전방 전선의 부대라면 보급 및 후방지원은 산업에서 어떤 의미를 가질까?

　리튬이온전지가 초기 개발될 때의 예를 들어보자. 기존의 이차전지는 대부분 용해·석출 반응을 주요 메커니즘으로 가지고 있었다. 그런데 2019년 노벨화학상을 받은 스탠리 휘팅엄 교수가 1970년대 엑손 재직 시절, 티타늄설파이드$_{TiS_2}$를 이용하여 인터칼레이션 전극의 개념을 처음으로 발견하면서 새로운 개념의 이차전지 개발의 단초를 제공하였다. 당시 엑손은 이 기술을 이용하여 이차전지를 개발하려 했으나, 티타늄설파이드의 공기 및 수분 불안정성 등의 이유로 안전성과 경제성에서 문제가 있어 포기하였다. 추후 2019년 노벨화학상 공동수상자가 된 옥스퍼드대학의 존 굿이너프 교수 등에 의해 티타늄설파이드보다 더 높은 전압을 가지면서 공기 중에서 안정한 리튬코발트옥사이드가 개발되며 하나의 돌파구가 열렸고, 프랑스 국립과학연구원$_{CNRS}$의 라시드 야자미 박사에 의해 흑연에 리튬 인터컬레이션이 가능하다는 것이 발견되며 또 다른 돌파구가 열렸다. 이러한 개념을 바탕으로 일본 아사히 카세이$_{Asahi}$

Kasei Corporation의 아키라 요시노 박사가 현재의 리튬이온전지와 유사한 개념의 이차전지를 최초로 특허 출원하며 리튬이온전지가 시작되었다. 이후 이런 기술들을 바탕으로 일본 소니와 A&T가 1991년과 1992년에 각각 리튬이온전지로 상용화하였다. 여기서 수많은 과학자들의 노력을 모두 나열할 수는 없지만, 기업의 상용화 노력에 문제가 생기면 학계·연구계의 기술들이 접목되어 돌파구가 생긴다는 것을 알 수 있다. 기업의 경우 가장 큰 목적이 이윤 창출이므로 기술개발 투자를 통해 향후 이윤이 생길 것이 어느 정도 확실시되지 않으면 기술개발에 나서기 어렵다. 위의 옥스퍼드대학, 프랑스 국립과학연구원에서의 연구, 이와 관련된 다양한 학계·연구계의 연구는 대부분 정부 지원 하에 이루어졌다. 정부가 지원하는 연구개발은 경제성의 논리에서 조금 자유롭다. 학술적 호기심에 해당되는 연구도 가능하다는 뜻이다. 1970~1980년대의 이차전지 시장은 납축전지와 니켈카드뮴전지가 이미 상용화되어 사용되고 있었다. 단순히 경제적인 논리라면 리튬이온전지 개발의 필요성은 크게 느껴지지 않았을 것이다. 특히 1970년대에는 더욱 그러했다. 리튬이온전지 기술의 가능성도 크게 느껴지지 않았던 시기이고, 기업에서도 안전성, 경제성의 문제로 포기했다. 그런데 조그만 가능성과 학술적 호기심으로 정부 지원을 통해 학계·연구계에서 지속적으로 연구개발이 이루어졌고, 이들 기술이 어느 정도 성숙하자 기업이 나서 해당 기술들을 조합·발전시켜 상용화를 이루어 낸 것이다. 그만큼 단기간 상용화 가능한 기술의 수준에 오르기 전까지는 정부의 투자를 바탕으로 하는 학계·연구계의 역할이 매우 중요하다. 즉, 전쟁터에서 보급과 후방지원의 역할을 정부의 지원으로 학계와 연구계가 수행하는 것이다. 전쟁터와 다른 점은 후방지원 품목이 무기, 탄약, 식량 등이 아니라 기술이라는 것이다. 어찌 보면 정부의 투자에 의한 학계·연구계의 역할은 기업이 언제든 골라서 가져다 쓸 수 있는 기술들을 다양하게 개발해 놓는 데 있다. 특히 향후 펼쳐지는 기술 혹은 제품들의 근간이 되는 원천기술의 경우 더욱 그렇다.

그렇다면 원천기술源泉技術은 무엇일까? 표준국어대사전에서 찾아보면 통합된 단어로 나오지는 않고, 원천源泉은 '물이 흘러나오는 근원' 혹은 '사물의 근원'으로 뜻풀이가 되어 있고, 기술技術은 '과학 이론을 실제로 적용하여 사물을 인간 생활에 유용하도록 가공하는 수단'이라고 뜻풀이가 되어있다. 일부 사전에서는 원천기술을 '근원이 되는 기술'로 풀이하고 있다. 즉, 연구개발 현실에 적용해보면 어떤 제품 혹은 파생되는 기술들의 근원이 되는 기술 정도로 해석하면 될 것이다. 기존 용해·석출 반응 중심의 이차전지에서 인터칼레이션 개념으로의 전환이나, 티타늄설파이드의 저전압 및 공기 및 수분 불안정성을 해결할 수 있는 리튬코발트옥사이드$_{LiCoO_2}$의 개발, 리튬이온의 탈삽입이 가능한 흑연 소재의 개발 등이 여기에 해당하지 않을까 생각된다. 그러나 해당 기술을 개발할 당시에 그 기술들이 원천기술이 될 것이라고 예측이 가능했을까? 어찌 보면 원천기술이라는 것은 결과론적인 얘기다. 이 기술들이 연구되던 당시에는 리튬이온전지가 지금처럼 폭넓게 사용될 것이라고 예측하지는 않았을 것이다. 만약 리튬이온전지가 상용화되는 데 실패하였다면 앞서 예를 든 원천기술도 인정받지는 못했을 것이다. 지금도 많은 연구자들의 연구 중에는 단기간 내에 상용화되지 못하고 실험실 혹은 논문 속에 잠자고 있을 기술들이 다수 있다. 언젠가는 이런 기술들이 다시 필요해질 때가 생길 수도 있고, 이들 기술을 다시 꺼내어 발전시켜 접목하는 경우가 생길 것이다. 리튬이온전지 기술개발의 역사에도 이런 경우가 종종 존재한다. 즉, 단기간 내에 상용화되는 것이 예측되지는 않지만 가치 있는 기술로 생각되고 연구개발이 되어 나중에 유용하게 쓰이는 기술 중에 원천기술이 있는 것이다. 따라서 당장에는 상용화로 이어지는 결과가 기대되지 않더라도 폭넓은 기술개발은 필요한 사항이다. 이런 영역의 연구개발은 이윤 창출을 목적으로 하는 기업에서는 수행하기가 쉽지 않으므로 더더욱 정부의 지원하에 학계·연구계 중심으로 이루어져야 한다. 산학연의 협력하에 민간과 정부의 공동 투자로 이루어져야 하는 기술개발 영역도 존재한다. 21세기 최첨단 사회에서는 특정인 혹은 특정 기관 단독으로 완성된 기술을 만들기는 쉽지 않다. 여러 연구자와 기관들이 협력을 통해 기술개발을 진행하고, 이를 접목하여 상용화로 이루어내는 것이 점점 더 중요해지고 있다. 특히 중소·중견 기업의 기술개발 영역에는 협력 연구가 더욱 큰 효과를 보인다. 정부의 적절한 투자가 중요하게 작용하는 부분이다.

미래 시장에서는 다양한 분야에 이차전지가 사용될 것이다. 이 중 상당 부분에 차세대 이차전지가 적용될 것이다. 현재 리튬이온전지 시장에서는 우리 기업들이 상당히 선전하고 있으나, 이에 만족하지 않고 차세대 이차전지 시장도 준비를 해야 한다. 기술개발만이 유일한 대응 수단일 것이다.

지속적
인력 양성

　　　　　우리나라가 자원 빈국이라는 것은 부정할
수 없는 현실이다. 우리나라 대부분의 산업은 자원이 거의 없는 가
운데 기술력을 이용하여 발전했다. 실로 대단한 일이다. 그런데 기
술력의 발전에 중요하게 작용하는 것으로 기업과 정부의 연구개발
투자, 산학연 연구진의 성실한 연구수행, 기술개발에 대한 경험 축
적, 일부 해외 기술의 도입 및 합작 등 여러 가지 요인이 작용한다.
그런데, 가장 중요한 것이 연구개발 인력일 것이다. 모든 것이 사람
이 하는 것이다. 우리나라가 6.25전쟁 후 잿더미 위에서 눈부시게
성장한 것도 결국은 온 국민의 부단한 노력 덕분일 것이다. 특히나
자원 빈국인 우리나라의 경우는 더욱 그러할 것이다. 이차전지 산
업의 발전도 결국은 사람들에 의해 이루어진 것이다.

　2021년 7월 정부는 관계부처 합동으로 〈2030 이차전지 산업 발
전 전략〉을 발표하였다. 해당 전략에 따르면 2020년 기준 이차전지
관련 인력 부족 현황이 한국배터리산업협회의 분석으로 조사되어
있다. 석박사급 연구·설계 인력 1,013명, 학사급 공정인력 1,810명
이 부족한 것으로 나타난다. LG에너지솔루션과 삼성SDI의 전체 직
원이 각 10,000명 내외이다. 이것은 규모가 매우 큰 기업의 경우이
고, 대부분의 소재 기업의 경우 수십~수백 명 수준이다. 게다가 이
숫자는 전문인력뿐 아니라 전체 직원 수를 헤아린 것이다. 상기 분
석자료에서 부족 인력 산출이 산업 전체가 아닌 기업의 연구개발
및 공정 관련 인력으로 한정한 것을 감안하면 상당히 큰 규모의 인
력 부족이다. 대기업 대비 중소·중견 기업에서 체감하는 인력 부

족은 더욱 클 것이다. 향후 이차전지 산업의 발전 속도는 매우 빠를 것으로 예상되므로 미리 대비하지 않으면 인력 부족 현상은 더욱 심화될 것이다.

그렇다면 인력 양성을 어떻게 해야 할까? 큰 범주로 생각할 때 내응해야 할 세 가지가 있다. 부족한 인력의 충원을 위한 전문인력 양성, 기존 인력의 전문성 심화, 인력 유출 방지가 주요한 사항이 될 것이다. 첫 번째, 부족한 인력을 충원하기 위해 전문인력의 양성을 통해 인원수를 증가시키는 것이 우선적으로 필요하다. 석·박사급 인력 양성이 여기에 해당될 것이다. 현재도 위의 분석 결과처럼 상당히 큰 인력 부족이 있으나, 향후 이차전지 산업이 빠른 속도로 성장을 하면 이러한 현상은 더욱 심화될 것이다. 이에 대비하여 향후 이차전지 관련 전문인력 수급까지 예측해서 대학원에 전문학과 신설, 관련 학과 인원 증원 등의 대비가 필요하다. 이와 더불어 실질적인 연구개발을 통한 전문 인력의 양성이 필요하다. 이 부분은 앞서 전술한 차세대 이차전지 기술개발에 대한 정부의 투자가 전문 인력 양성으로도 연결될 수 있다는 것을 뜻한다. 즉, 실질적으로 연구개발을 진행하면서 자연스럽게 이차전지 전문인력으로 양성이 가능한 것이다. 두 번째, 기존 인력의 전문성 심화는 기업체 인력에 대한 최첨단 기술의 재교육, 혹은 산학연의 연계를 통한 기술 애로 해결 중심의 재직자 교육이 해당될 것이다. 세 번째, 인력 유출 방지가 중요하다. 사실 이것은 해결이 매우 어렵다. 우리나라는 이차전지 산업에서 비록 후발주자이지만 셀 제조 기술에서 세계 1위의 기술력을 보유하고 있다. 우리를 추격하는 여러 나라의 많은 기업들이 우리 인력들을 유치하여 비약적인 시간 단축을 꾀하고 있다. 즉, 인력 유출이 곧 기술 유출이 되는 셈이다. 실제로 우리 기업에서 퇴직한 고급 인력들이 중국과 미국, 유럽으로 이직하고 있다. 우리가 힘들게 쌓아 올린 기술들이 손쉽게 해외로 넘어가고 있는 상황이다. 물론 개인적인 사정으로 이직을 하는 것은 막을 수 없고 그들도 핵심 기술에 대해서는 유출하지 않을 것이라 믿고 싶지만, 가장 좋은 것은 핵심 인재에 대해서 해외 유출을 방지하는 것이다. 이 부분은 기업이 온전히 해결책을 제시하기는 어려운 부분이며 기업과 정부가 같이 묘안을 짜내어 방지할 수 있는 방법을 만들어야 할 것이다.

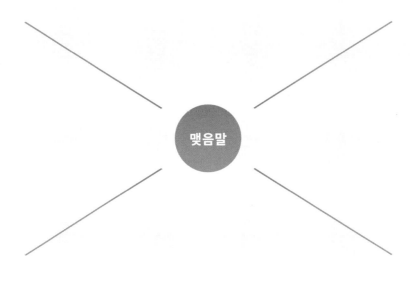

맺음말

책을 쓰면서 약 25년 전 기억이 떠올랐다. 대학원에 진학하면서 처음으로 배터리라는 것을 학문적으로 접했다. 이때 많은 기대도 있었지만 혼란도 같이 왔다. 논문과 실험으로 접한 배터리는 내가 알던 배터리와는 큰 차이가 있었기 때문이다. 초등학교 시절에 궁금증과 호기심으로 아파트 옥상에서 혼자 몰래 뜯어 보았던 건전지와는 상당히 다른 모양새였던 것이다. 어릴 때 내가 분해해 본 건전지는 내부에 검은색 분말이 잔뜩 들어있고, 가운데 뭔지 모를 시꺼면 봉이 하나 있었다. 그런데 대학원에서 접한 배터리, 즉 이차전지는 완전히 다른 모양새인 데다가 구조나 특성도 건전지와는 너무나 달랐다(제가 뜯어본 것은 건전지입니다. 현재의 리튬이온전지는 분해하면 매우 위험하니 절대로 분해하면 안 됩니다!).

기존 건전지와 다른 점은 그것 말고도 많았고, 이차전지를 공부하며 놀랄 일은 계속 있었다. 리튬이온전지가 이미 폭넓게 쓰이고 있는데도 대학원에서는 리튬이온전지에는 사용되지 않는 다양한 소재를 비율이나 특성 등을 바꿔가며 연구하고 있었다. 현재 대중에게 알려진 것보다도 훨씬 많은 소재들이 쓰이는데 아주 작은 비율 변화만으로도 어떻게 그렇게 다른 특성이 나오는지, 어떻게 하면 효율을 더 높일 수 있는지 등을 누군가 일목요연하게 설명해 주면 좋겠다고 생각했다. 전공 선배들이 부분적으로 설명해주는 경우는 있었어도 선반적인 내용을 제계적으로 성리해주는 선배는 없었다. 지금은 전공자들을 위해 이런 내용을 학술적으로 설명해주는 자료는 어느 정도 존재한다. 특히 리튬이온전지를 연구하고 개발한 세 명의 과학자가 2019년 노벨화학상을 수상한 이후로는 리뷰와 논문 등에 리튬이온전지의 역사나 기술개발 방향에 관한 자료가 풍부해지고 있다. 그러나 이런 자료들은 비전문가들에게는 접근이 어렵고, 또한 자료를 구하더라도 이해하기 쉽지 않다.

일반 대중, 그리고 이차전지에 막 입문하는 학생들이 읽어도 이해하기 쉬운 자료의 집필을 결심하고 같이 해주신 세 분과 함께 지난 1년 반 동안 열심히 작업했다. 그동안 논문이나 특허, 보고서는 많이 써보았고, 10페이지 내외로 이차전지 관련 내용을 설명하는 글은 써보았으나 이번 책과 같이 일반 대중 눈높이에 맞춰서 길게 쓴 것은 처음이다. 시작할 때는 어떤 방식으로 써야 할지 막막했으나 다른 분들과 같이 상의하고 출판사의 코치도 받아 고치고 또 고치며 책의 모양새를 갖추게 되었다. 지난 세 번의 명절은 거의 원

고를 쓰며 보냈고, 상당히 많은 주말도 마찬가지였다. 이 자리를 빌어 함께해주신 세 분의 저자와 길벗출판사의 이치영 과장님, 그리고 도움을 주신 분들께 감사의 말씀을 전하고 싶다. 한편으로 집필하는 동안 나를 포함한 저자들 또한 많은 공부가 되었다. 알고 있던 내용이라도 글로 쓰기 위해서는 객관적인 자료를 찾아 확인해야 했고, 이를 정리하면서 부분적으로 알던 내용을 체계적으로 정리하는 기회가 되었다. 부디 이 책이 이차전지에 관심이 있는 많은 분들에게 필요한 지식을 정확하고 쉽게 전달하는 데 도움이 되기를 기대한다.

이치전지 승자의 조건

초판 발행 · 2023년 3월 24일
3쇄 발행 · 2023년 8월 31일

지은이 · 정경윤, 이상민, 이영기, 정훈기
발행인 · 이종원
발행처 · (주)도서출판 길벗
출판사 등록일 · 1990년 12월 24일
주소 · 서울시 마포구 월드컵로 10길 56(서교동)
대표 전화 · 02)332-0931 | **팩스** · 02)323-0586
홈페이지 · www.gilbut.co.kr | **이메일** · gilbut@gilbut.co.kr

기획 및 책임편집 · 이치영(young@gilbut.co.kr) | **마케팅** · 정경원, 김진영, 최명주, 김도현, 이승기
제작 · 이준호, 손일순, 이진혁, 김우식 | **영업관리** · 김명자, 심선숙 | **독자지원** · 윤정아, 최희창

교정교열 · 김은혜 | **디자인** · 김윤남
CTP 출력 및 인쇄 · 예림인쇄 | **제본** · 예림바인딩

ISBN 979-11-407-0356-2 03320
(길벗도서번호 070478)

정가 19,800원

독자의 1초를 아껴주는 정성 길벗출판사

(주)도서출판 길벗 | IT교육서, IT단행본, 경제경영서, 어학&실용서, 인문교양서, 자녀교육서 www.gilbut.co.kr
길벗스쿨 | 국어학습, 수학학습, 어린이교양, 주니어 어학학습, 학습단행본 www.gilbutschool.co.kr